AutoUni – Schriftenreihe

Band 91

Herausgegeben von / Edited by
Volkswagen Aktiengesellschaft
AutoUni

Die Volkswagen AutoUni bietet den Promovierenden des Volkswagen Konzerns die Möglichkeit, ihre Dissertationen im Rahmen der „AutoUni Schriftenreihe" kostenfrei zu veröffentlichen. Die AutoUni ist eine international tätige wissenschaftliche Einrichtung des Konzerns, die durch Forschung und Lehre aktuelles mobilitätsbezogenes Wissen auf Hochschulniveau erzeugt und vermittelt.

Die neun Institute der AutoUni decken das Fachwissen der unterschiedlichen Geschäftsbereiche ab, welches für den Erfolg des Volkswagen Konzerns unabdingbar ist. Im Fokus steht dabei die Schaffung und Verankerung von neuem Wissen und die Förderung des Wissensaustausches.

Zusätzlich zu der fachlichen Weiterbildung und Vertiefung von Kompetenzen der Konzernangehörigen, fördert und unterstützt die AutoUni als Partner die Doktorandinnen und Doktoranden von Volkswagen auf ihrem Weg zu einer erfolgreichen Promotion durch vielfältige Angebote – die Veröffentlichung der Dissertationen ist eines davon. Über die Veröffentlichung in der AutoUni Schriftenreihe werden die Resultate nicht nur für alle Konzernangehörigen, sondern auch für die Öffentlichkeit zugänglich.

The Volkswagen AutoUni offers PhD students of the Volkswagen Group the opportunity to publish their doctor's theses within the "AutoUni Schriftenreihe" free of cost. The AutoUni is an international scientific educational institution of the Volkswagen Group Academy, which produces and disseminates current mobility-related knowledge through its research and tailor-made further education courses.

The AutoUni's nine institutes cover the expertise of the different business units, which is indispensable for the success of the Volkswagen Group. The focus lies on the creation, anchorage and transfer of knew knowledge.

In addition to the professional expert training and the development of specialized skills and knowledge of the Volkswagen Group members, the AutoUni supports and accompanies the PhD students on their way to successful graduation through a variety of offerings. The publication of the doctor's theses is one of such offers.

The publication within the AutoUni Schriftenreihe makes the results accessible to all Volkswagen Group members as well as to the public.

Herausgegeben von / Edited by
Volkswagen Aktiengesellschaft
AutoUni
Brieffach 1231
D-38436 Wolfsburg
http://www.autouni.de

Christoph Schmidt

Steigerung der Objektivität Interner Revisoren

Rotation als ein effektives Instrument

Mit einem Geleitwort von Univ.-Prof. Dr. Anne d'Arcy

 Springer

Dr. Christoph Schmidt
Wolfsburg, Deutschland

Zugl.: Dissertation Wirtschaftsuniversität Wien, 2016, unter dem Titel „Ist Rotation ein effektives Instrument zur Steigerung der Objektivität Interner Revisoren?"

Die Ergebnisse, Meinungen und Schlüsse der im Rahmen der AutoUni Schriftenreihe veröffentlichten Doktorarbeiten sind allein die der Doktorandinnen und Doktoranden.

AutoUni – Schriftenreihe
ISBN 978-3-658-15235-2   ISBN 978-3-658-15236-9 (eBook)
DOI 10.1007/978-3-658-15236-9

Die Deutsche Nationalbibliothek verzeichnet diese Publikation in der Deutschen National-bibliografie; detaillierte bibliografische Daten sind im Internet über http://dnb.d-nb.de abrufbar.

Springer
© Springer Fachmedien Wiesbaden 2016

Gedruckt auf säurefreiem und chlorfrei gebleichtem Papier

Springer ist Teil von Springer Nature
Die eingetragene Gesellschaft ist Springer Fachmedien Wiesbaden GmbH

Geleitwort

Die Interne Revision bildet einen wichtigen Baustein für eine effektive Corporate Governance in Unternehmen. Ihre Stellung als dritte Verteidigungslinie im Three-Lines-of-Defense-Modell macht deutlich, dass die Interne Revision als eine unabhängige Distanz Vorstand, Aufsichtsrat und Senior-Management bei der Überwachung und Kontrolle bestehender und potenzieller Risiken unterstützt. Objektivität ist nach den nationalen und internationalen Berufsstandards neben der organisatorischen Unabhängigkeit eine Voraussetzung für eine effektive Interne Revisionsfunktion. Eine mögliche Maßnahme, die Objektivität zu stärken, ist ein internes Rotationsprogramm.

Aus theoretischer Sicht kann Rotation Informationsasymmetrie, Interessenkonflikte und Heuristiken von dezentralen Revisionsleitern vermindern. Die Fragestellung, ob eine Rotation dezentraler Revisionsleiter deren Objektivität erhöhen kann, entzog sich einer empirischen Überprüfung, da hierfür in der Regel sensible Unternehmensinformationen notwendig sind.

Herr Dr. Schmidt konnte im Rahmen dieser Studie erstmalig auf sehr umfangreiche Daten einer großen international aufgestellten Internen Revision zugreifen und die Wirkung des Rotationsprogramms anhand verschiedener Indikatoren unter Realbedingungen testen. Der direkte Datenzugriff in Kombination mit den intensiven Vororterfahrungen hat erst die Durchführung dieses einmaligen Projektes ermöglicht. Die zuständigen Ansprechpartner des Unternehmens sowie alle eingebundenen Mitarbeiter der Internen Revision haben maßgeblich zum Erfolg des Projektes beigetragen.

Die empirischen Ergebnisse lassen den Schluss zu, dass Rotation eine Steigerung der Objektivität dezentraler Revisionsleiter bewirken kann. Dieser Effekt wird bei Rotation von Revisionsleitern mit kleiner Revisionserfahrung, kleiner Rotationserfahrung oder kaufmännischem Studium verstärkt.

Die Arbeit leistet damit einen Beitrag im Hinblick auf praktische Implikationen organisatorischer Maßnahmen, aber auch für die wissenschaftliche Erforschung von effektiven Corporate Governance-Mechanismen. Sie zeigt ferner, auf welchem Wege komplexe Fragen der Governance-Forschung, die interne Unternehmensprozesse betreffen, erforscht werden können. Ich wünsche ihr eine gute Aufnahme in Wissenschaft und Praxis.

Univ.-Prof. Dr. Anne d'Arcy

Vorwort

Die vorliegende Studie wäre ohne die wertvolle Unterstützung einer Vielzahl von Personen nicht möglich gewesen. Deshalb möchte ich mich bei allen Beteiligten bedanken, die mich bei der Erstellung der Arbeit unterstützt haben.

Als externer Doktorand am Institut für Corporate Governance der Wirtschaftsuniversität Wien sowie als Doktorand in der Konzernrevision eines internationalen Automobilherstellers untersuchte ich die Effektivität der Rotation zur Steigerung der Objektivität von Internen Revisoren.

Frau Prof. Dr. Anne d´Arcy bin ich zu besonderen Dank verpflichtet für die Möglichkeit einer praxisorientierten externen Promotion und für die fachlichen Diskussionen in den Doktorandenseminaren. Ebenso danke ich den Mitarbeitern des Instituts für Corporate Governance Evelyn Braumann, Robert Lindorfer und Stefan Hahnenkamp für ihre Unterstützung. Danken möchte ich ferner Herrn Prof. Dr. Gerhard Speckbacher für die Übernahme des Zweitgutachtens.

Großer Dank gebührt dem Leiter und den Mitarbeitern der Konzernrevision des internationalen Automobilherstellers, ohne deren Unterstützung die Realisierung der Studie nicht möglich gewesen wäre.

Widmen möchte ich die Arbeit meiner Frau und meinen Eltern.

Dr. Christoph Schmidt

Inhaltsübersicht

Inhaltsverzeichnis

Abkürzungsverzeichnis

A	Agent
COSO	Committee of Sponsoring Organizations of the Treadway Commission
CAE	Chief Audit Executive
CI	Konfidenzintervall
CV	Co-Varianz
DIIR	Deutsches Institut für Interne Revisoren
GR	Gesamtrisikoscore
H	Teilrisikoscore Hinweise
I	Teilrisikoscore Investitionen
IIA	The Institute of Internal Auditors
ISA	International Standard of Auditing
ISP	Internationale Standards für die berufliche Praxis der Internen Revision
IKS	Teilrisikoscore Internes Kontrollsystem
M	Mittelwert
ME	Marginaler Effect
N	Stichprobengröße
PCAOB	Public Company Accounting Oversight Board
OR	Odds Ratio
P	Principal
PAT	Principal-Agent-Theorie
PS	Professional skepticism
p	P-Wert
RN	Risikoniveauunterschied absolut
RL	Dezentraler Revisionsleiter (geschlechtsneutral)
pR	praktischer Ratschlag des Institute of Internal Auditors (IIA)
S	Teilrisikoscore Schadensausmaß
SD	Standardabweichung
VIF	Variance Inflation Factor
ZIR	Zeitschrift für die Interne Revision

Abbildungsverzeichnis

Tabellenverzeichnis

1 Einleitung

1.1 Motivation

Die Interne Revision wird zunehmend als eine Schlüsselfunktion in der Corporate Governance angesehen.[1] Die Stellung der Internen Revision wird im Three-Lines-of-Defense-Modell deutlich. Während das Interne Kontrollsystem und die operativen Kontrollen sowie das Risiko- und Compliancemanagement in einem Unternehmen die ersten beiden Verteidigungslinien darstellen, gilt die Interne Revision als die dritte Verteidigungslinie.[2] Im Rahmen ihrer Tätigkeit erbringt die Interne Revision unabhängige und objektive Prüfungs- und Beratungsleistungen.[3] Der Interne Revisor nimmt unterschiedliche Aufgaben wahr, welche differenziert zu betrachten sind. Während die Beratung als objektive Dienstleistung eines Internen Revisors ohne Ausführungsverantwortung charakterisiert wird, versteht man unter der Prüfungsleistung die objektive Analyse zu prüfender Sachverhalte.[4] Objektive Entscheidungen von Internen Revisoren sind eine der Voraussetzungen für eine effektive interne Revisionsfunktion.[5]

Das Entscheidungsverhalten eines Internen Revisors wird unter anderem durch die individuelle Objektivität charakterisiert, die als die unbeeinflusste Geisteshaltung beschrieben wird. Sie darf dann angenommen werden, wenn der Revisor seine Arbeitsergebnisse unparteiisch und unvoreingenommen vertritt und sich bei der Beurteilung von Sachverhalten nicht durch Meinungen Dritter beeinflussen lässt.[6] Darüber hinaus muss der Revisor von den Ergebnissen seiner Arbeit überzeugt sein und darf keine Kompromisse hinsichtlich der Qualität der Arbeit eingehen. Individuelle Objektivität verlangt vom Revisor, dass die Ergebnisse frei von eigenen oder anderen Interessenkonflikten sind, die bei einer Beeinträchtigung des professionellen Urteilsvermögens oder Handelns auftreten. Ein spezieller Gesichtspunkt ist die Betriebsblindheit: Je länger ein Bewertungsverantwortlicher gleiche Prüfungsfelder beurteilt, desto vertrauter ist ihm sein Umfeld. Dieser Umstand kann zu einer Abnahme der individuellen Objektivität führen.

Um Beeinflussungen oder Beschränkungen bei Prüfungsplanung, Prüfungsdurchführung und Urteilsbildung zu verhindern und somit die Unabhängigkeit der internen Revisionsfunktion zu gewährleisten, sind organisatorische Vorkehrungen zu treffen. Hinweise für die organisatorische Ausgestaltung der Internen Revision liefert der Berufsstandard für die berufliche Praxis 1110. Demnach muss der Leiter der Internen Revision innerhalb der Organisation der Ebene unterstehen, die eine sachgerechte

---

[1] Vgl. Stewart/Subramaniam (2010), S. 328; Cohen/Sayag (2010), S. 296.
[2] Vgl. IIA (2013), S. 2.
[3] Vgl. DIIR et al. (2015), S. 15.
[4] Vgl. d´Arcy/Hoos (2012), S. 124.
[5] Vgl. DIIR et al. (2015), S. 15.
[6] Vgl. ebda., S. 72.

Durchführung der Aufgaben der Internen Revision sicherstellt. Beeinträchtigungen sowohl der Unabhängigkeit als auch der Objektivität sind unmittelbar zu kommunizieren und zu beseitigen.

Die Bedeutung der Objektivität wird durch den praktischen Ratschlag der internationalen und nationalen Berufsstandards Nr. 1120-1 Tz. 2 unterstrichen, wonach der Leiter der Internen Revision die Objektivität – soweit möglich – durch ein Rotationsprogramm abzusichern hat. Durch Rotation von Revisoren kann eine Steigerung der Objektivität erreicht werden. Jedoch dürfen Argumente, die gegen eine Rotation sprechen, nicht unerwähnt bleiben. Bei Rotation kann kundenspezifisches Wissen verloren gehen und dadurch die Prüfungsqualität negativ beeinflusst werden. Ursache hierfür dürfte die geringe Wahrscheinlichkeit sein, materielle Fehler zu erkennen. Darüber hinaus können sich durch Rotation die Agency Kosten erhöhen, eine Studie des United States General Accounting Office aus dem Jahre 2003 beziffert sie auf 17 Prozent.

1.2 Problemstellung

Objektivität kann nicht nur für die Prüfungsdurchführung, sondern auch für die risikoorientierte Jahresprüfungsplanung als notwendige Bedingung angesehen werden, um ein planvolles und wirksames Vorgehen der Internen Revision zu gewährleisten.[7] Eine Vorstufe der Planung ist die Erstellung der jährlichen Risikoanalyse der Prüfungsfelder. In einer Konzernrevision mit dezentralen Revisionsstandorten kann diese Aufgabe an den Revisionsleiter vor Ort delegiert werden. Bedingt durch die räumliche Trennung können Informationsasymmetrien und Interessenkonflikte entstehen, die die Objektivität von Revisionsleitern beeinträchtigen. Durch Rotation wird das Ziel verfolgt, die notwendige Objektivität von Revisionsleitern zu erreichen. Ob Rotation von Revisionsleitern eine Steigerung der individuellen Objektivität im Rahmen der Risikoanalyse bewirken kann, ist im internen Prüfungswesen noch unerforscht. Im externen Prüfungswesen ist die Antwort auf die Frage umstritten. Quick (2012) kommt in seiner Untersuchung zu dem Ergebnis, dass der Einfluss der Mandantenrotation von Wirtschaftsprüfungsgesellschaften im Hinblick auf die Prüferkompetenz und die Objektivität unklar sei.[8] Auch aus den Ausführungen anderer Autoren ist keine eindeutige Sichtweise erkennbar. Während Kaplan/Mauldin (2008) sowie Velte/Stiglbauer (2012) keinen Effekt in ihren Untersuchungen feststellen,[9] sieht Zilch (2010) und Daniels/Booker (2011) durch die Pflichtrotation eine Möglichkeit, die Unabhängigkeit bei Prüfern zu steigern. Geisler/Low (2007) zeigen bei einer internen Rotation des

---

[7] Vgl. Buchner (1997), S. 158; Marx (2011), S. 113.
[8] Vgl. Quick (2012). S. 17.
[9] Vgl. Kaplan/Mauldin (2008), S. 177; Velte/Stiglbauer (2012), S. 81.

Partners eine Steigerung der Prüfungseffektivität auf,[10] während Daniels/Booker (2011) keine Verbesserung sehen.[11]

Eine mithilfe eines standardisierten Fragebogens durchgeführte Befragung[12] von 35 deutschen Führungskräften anlässlich der Jahrestagung des Deutschen Instituts für Interne Revision in Hannover 2012 zeigte, dass 77 Prozent der Befragten die interne Rotation als nicht erforderlich oder nicht zwingend erforderlich ansehen, 51,43 Prozent sie für wünschenswert halten und 60 Prozent Rotation in ihren Unternehmen nicht implementiert haben. Diese Umfrage lässt darauf schließen, dass Rotation als Instrument zur Steigerung der Objektivität Interner Revisoren in der Praxis noch zu wenig Berücksichtigung findet. Ein klares Bild für oder gegen eine Rotation zur Steigerung der Objektivität Interner Revisoren ist allerdings nicht erkennbar.

1.3 Forschungsfrage und Zielsetzung

Die vorliegende Studie befasst sich mit der Frage, ob durch Rotation von dezentralen Revisionsleitern eine effektive Steigerung der individuellen Objektivität erreicht werden kann. Bisher ist das Thema Rotation von Internen Revisoren als effektives Instrument zur Steigerung der Objektivität in der Forschung nicht aufgegriffen worden. Im externen Prüfungswesen wird die Thematik kontrovers diskutiert. Einige Forscher, wie zum Beispiel Kaplan/Mauldin (2008) Velte/ Stiglbauer (2012), sehen in ihren Untersuchungen keinen Effekt der Rotation auf die Prüfungseffektivität, während Zilch (2010) und Geisler/ Low (2007) zu einem gegenteiligen Ergebnis kommen.[13]

Ziel der Standards und Verlautbarungen im Prüfungswesen ist nach Bungartz (2014) die Erhöhung der Effektivität interner Kontrollen.[14] In der Literatur gibt es keine allgemein gültigen Aussagen, ab welchem Wirkungsgrad von einer Effektivität ausgegangen werden kann. Effektivität setzt ein klar definiertes Ziel voraus. Ist das geplante und umgesetzte Ziel deckungsgleich, kann von Effektivität gesprochen werden.[15] Wird durch die Einführung einer Rotation die Objektivität gesteigert, kann ein effektives Instrument angenommen werden. Vor dem Hintergrund einer wirksamen Unternehmensüberwachung ist die Thematik in der Internen Revision aktueller denn je. Die vorliegende Studie schließt somit eine Forschungslücke im internen Prüfungswesen.

Die im Vorfeld durchgeführte Expertenbefragung sollte erste Erkenntnisse aus der Praxis zum Thema Rotation in der Internen Revision liefern. Im Fokus der Hauptuntersuchung stehen die im Rahmen der Risikoanalyse bewerteten Gesamtrisikoscores dezentraler Revisionsstandorte eines international agierenden Unternehmens. Darüber

---

[10] Vgl. Geisler/Low (2007), S. 1.
[11] Vgl. Daniels/Booker (2011), S. 81.
[12] Vgl. Bortz/Döring (2006), S. 252 ff.
[13] Vgl. Kaplan/Mauldin (2008); Velte/ Stiglbauer (2012); Zilch (2010); Geisler/ Low (2007)
[14] Vgl. Bungartz (2014), S. 30.
[15] Vgl. Brombacher (2012), S. 391 f.

hinaus werden Determinanten identifiziert, die einen Einfluss auf die Objektivität dezentraler Revisionsleiter haben und die Effektivität der Rotation beeinträchtigen können. Die gewonnenen Daten aus beiden Teilbereichen werden mittels geeigneter Regressionsmodelle analysiert.

1.4 Untersuchungsgegenstand

Die Rahmenbedingungen für die Erstellung der Studie sind dezentrale Revisionsstandorte mit einer geregelten Rotation von Revisionsleitern. Durch die Rotation wird das Ziel verfolgt, die Objektivität von Revisionsleitern zu steigern. Im Rahmen der jährlichen Risikoanalyse erfolgt eine Neubewertung der Gesamtrisikoscores.

Eine Vorstufe der risikoorientierten Jahresprüfungsplanung in einer Internen Revision stellt die Risikoanalyse der Prüfungsfelder dar. Nach Dörfler et al. (2012) erfolgt die Bewertung der Prüfungsfelder mittels unterschiedlicher Teilrisikoscores, wie zum Beispiel Internes Kontrollsystem (IKS), Schadensausmaß (S), Investitionen (I), Hinweise (H) oder Datum letzte Prüfung (D), die in einem Gesamtrisikoscore zusammengefasst werden.[16] Aus den bewerteten Prüfungsfeldern entsteht eine Prüfungslandkarte, das sogenannte „Audit Universe", das sich aus Gesellschaften, Kernprozessen und Verantwortlichkeiten zusammensetzt. In ihm wird die Gesamtheit der Prüfungsfelder abgebildet. Die zu bewertenden Prüfungsfelder ergeben sich aus den Schnittpunkten der einzelnen Gesellschaften und den relevanten Kernprozessen.[17] Die Bewertungsverantwortung ist dabei klar geregelt. Jeder Gesellschaft ist ein Prüfungsleiter oder dezentraler Revisionsleiter vor Ort als Bewertungsverantwortlicher zugeordnet.[18]

Inhalte Darstellung Prüfungsobjekte Gesellschaften Aktionen				individuell, Jahr: 2012
a-z	a-z Gesellschaft 1	Gesellschaft 2	Gesellschaft 3	Maximalwert
Entwicklung	240	120	N.B.	240
Beschaffung	260	N.B.	180	260
Produktion	N.B.	400	180	400
Vermarktung	320	180	200	320
IT / Organisation	160	N.B.	N.B.	160
Personal	240	400	400	400
Finanz	N.B.	300	120	300
Maximalwert	320	400	300	·

Abbildung 1:   Beispiel eines "Audit Universe"

Quelle: Dörfler et al. (2012), S. 282.

---

[16]   Vgl. Dörfler et al. (2012), S. 284.
[17]   Vgl. ebda., S. 281.
[18]   Vgl. ebda., S. 282.

Abbildung 2 veranschaulicht den Sachverhalt anhand der Bewertung des Prüfungsfeldes aus Gesellschaft 2 und dem Geschäftsprozess Personal. Sie zeigt neben der
Zusammensetzung des Prüfungsfeldes die bewerteten und gewichteten Teilrisikoscores, die den maximal möglichen Gesamtrisikoscore ergeben.

Personal	IKS	S	I	D	H
Teilrisikoscore (TS)	4	4	4	4	4
Gewichtung in %	20	20	20	20	20
gewichteter TS	80	80	80	80	80
Gesamtrisikoscore					400

Abbildung 2:   Audit Universe und Scoringmodell

Quelle: eigene Darstellung

In einer Konzernrevision mit dezentralen Revisionsstandorten erfolgt zum Jahresende
eine kapazitätsorientierte Harmonisierung der Prüfungsfelder, um eine Über- oder
Untergewichtung zu vermeiden. Zur Steigerung der individuellen Objektivität
dezentraler Bewertungsverantwortlicher ist zudem eine rotierende Aufgabenzuteilung
eingeführt.[19]

1.5 Aufbau und Gang der Untersuchung

Die Dissertation gliedert sich in acht Teile. Nach der Einleitung (Kapital 1) werden im
ersten Teil der Studie (Kapitel 2) die theoretischen Grundlagen vorgestellt. In Kapitel
3 wird auf die Objektivität und Rotation Interner Revisoren und dezentraler Revisionsleiter eingegangen. Dabei geht es insbesondere um die Relevanz der Objektivität im
Prüfungswesen, mögliche Einflussfaktoren auf die Objektivität von Revisoren sowie
Empfehlungen und gesetzliche Rahmenbedingungen. In Kapitel 4 werden die

---

[19]   Vgl. ebda., S. 291.

Überlegungen zur Vorstudie und die Hypothesen vorgestellt unter Einbeziehung entscheidungstheoretischer und principal-agent-bezogener Determinanten. In Kapitel 5 wird das Forschungsdesign der Vor- und Hauptstudie vorgestellt. Dabei wird auf die Datenquellen, die Datenaufbereitung und die Stichprobenzusammensetzung sowie auf die Operationalisierung der Variablen und das Modell zur Messung der Steigerung der Objektivität im Rahmen der Risikoanalyse eingegangen. In Kapitel 6 werden die Ergebnisse beschrieben, in Kapitel 7 kritisch beleuchtet und in Kapitel 8 ein Fazit gezogen.

2 Theoretische Grundlagen

Das folgende Kapitel soll einen theoretischen Überblick über die Rotation und deren Einordnung in die Principal-Agent-Theorie geben sowie das Thema Objektivität von Internen Revisoren konkretisieren. Da die Thematik in der Literatur des externen Prüfungswesens[20] im Vergleich zu der des internen Prüfungswesens eine dominierende Rolle einnimmt, wird erstere in die Betrachtung mit einbezogen. Wegen der Bedeutung von Entscheidungen im Alltag und im Berufsleben wird auch auf die Entscheidungsliteratur Bezug genommen.

2.1 Principal-Agent-Theorie

Die Principal-Agent-Theorie (PAT) stellt die Leistungsbeziehung zwischen Auftraggeber (Principal) und Auftragnehmer (Agent) in einem Vertragsverhältnis dar.[21] *„The relationship of agency is one of the oldest and commonest codified modes of social interaction."*[22] Nach Jensen/Meckling (1976) wird die PAT als ein Vertrag definiert, *"...under which one or more persons (the principal(s)) engage another person (the agent) to perform some service on their behalf which involves delegating some decision making authority to the agent."*[23] Für Alparslan (2006) gibt es eine Vielzahl engerer und weiterer Definitionen der Principal-Agent-Theorie. Die oben genannte Definition nach Jensen/Meckling (1976), der sich der Autor der vorliegenden Arbeit anschließt, sieht er als eine im engeren Sinne an.[24]

Zum besseren Verständnis der Theorie ist es notwendig, die Bestandteile der Definiton näher zu betrachten. Pratt/Zeckenhauser (1985) definieren Agent (A) und Principal (P) folgendermaßen: *„The individual taking the action is called the agent. The affected party is the principal."*[25] Wer von beiden dabei Principal oder Agent ist, könne nur situationsbezogen bestimmt werden.[26] Das Verhalten beider Akteure sei dabei durch die eigene Nutzenmaximierung charakterisiert.[27] Darüber hinaus geht die Principal-Agent-Theorie von unterschiedlichen Risikoniveaus zwischen Principal und Agent aus: Der Auftraggeber wird als risikoneutral und der Auftragnehmer als risikoscheu eingestuft.[28] Daraus können sich sowohl eine Informationsasymmetrie als auch Interessenkonflikte ergeben. Ein Unternehmen besteht aus einer Vielzahl von

[20] Vgl. Koch et al. (2012); Moore et al. (2006); Velte/Stiglbauer (2012); Geisler/Low (2007); Zilch (2010)
[21] Vgl. Arrow (1985), S. 37.
[22] Ross (1973), S. 134.
[23] Jensen/Meckling (1976), S. 308.
[24] Vgl. Alparslan (2006), S. 11.
[25] Pratt/Zeckenhauser (1985), S. 2.
[26] Vgl. Picot (1991), S. 150.
[27] Vgl. Pratt/Zeckenhauser (1985), S. 3.
[28] Vgl. Jost (2001), S.23.

Vertragsverhältnissen, d.h. einem Netzwerk an Vertragsbeziehungen. Aus diesen Beziehungen resultieren in der Regel Leistungs- und Gegenleistungspflichten,[29] wie in Abbildung 3 zu sehen ist.

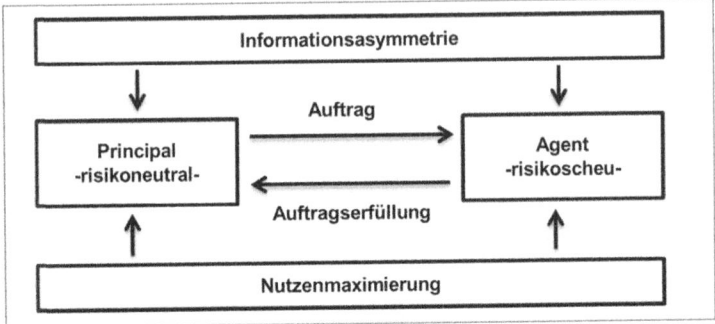

Abbildung 3:   Grundmodell der Principal-Agent-Beziehung

Quelle: eigene Darstellung

Bei der Principal-Agent-Theorie wird zwischen der normativen und der positiven Agency-Theorie differenziert. In der normativen Theorie werden die entscheidungs-logischen und formalanalytischen Ansätze beleuchtet,[30] und dabei vertragliche Rege-lungen des Beauftragten und dessen Handeln im Sinn des Principals hinterfragt. Während die normative Agency-Theorie durch das Problem der Verhaltenssteuerung charakterisiert wird,[31] ist die positive Agency-Theorie empirisch ausgerichtet,[32] d.h. man versucht die institutionelle Gestaltung von Auftragsbeziehungen zu analysieren.[33] Der normative Ansatz wird unterteilt in die ökonomische und die finanzielle Agency-Theorie. Letztere untersucht die Anreizmechanismen und deren Auswirkungen auf die Vertragsgestaltung und greift zudem Probleme der Risikoallokation in der Finanzie-rungsbeziehung auf. Die ökonomische Agency-Theorie ist gekennzeichnet durch die Analyse optimaler Rahmenbedingungen für die Ausgestaltung des Arbeitsvertrages, um die Zielsetzungen, Risikoeinstellungen und Informationsvorsprünge des Agenten so zu beeinflussen, dass dieser im Sinne des Principals handelt.[34]

---

[29]   Vgl. Alparslan (2006), S. 12.
[30]   Vgl. Jensen (1983), S. 319. und S. 334 f.; Breid (1995), S. 822; Küpper et al. (2013), S. 101.
[31]   Vgl. Küpper et al. (2013), S. 101.
[32]   Vgl. Jensen (1983), S. 319. und S. 334 f; Breid (1995), S. 822; Küpper et al. (2013), S. 101.
[33]   Vgl. Küpper et al. (2013), S. 101.
[34]   Vgl. Breid (1995), S. 823.

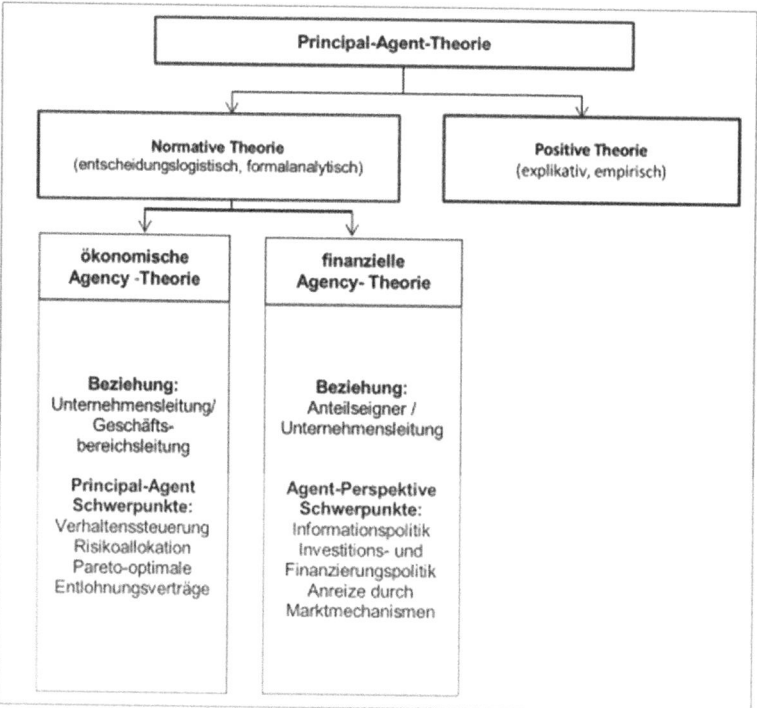

Abbildung 4: Abgrenzung der Principal-Agent-Theorie

Quelle: Breid (1995), S. 822

2.1.1 Probleme in der Principal-Agent-Beziehung

Probleme in der Principal-Agent-Beziehung können durch Informationsasymmetrie und durch begrenzte Rationalität entstehen. In einem Unternehmen verfolgen nicht alle Handlungsträger gleiche Ziele. Dadurch entstehen Zielkonflikte, die durch unterschiedliche Informationsstände verstärkt werden. In einem internationalen Unternehmen werden bei größerer Dezentralisierung die Asymmetrie von Informationen und Interessenkonflikte noch verstärkt. In der Regel besitzt der Agent in der Principal-Agent-Beziehung einen Informationsvorsprung im Entscheidungsprozess. Hinzu kommt das unvollkommene Wissen des Principals hinsichtlich des Agenten und dessen Eigenschaften. Daraus resultieren Risiken, die sowohl für den Principal als auch für den Agenten relevant sind.

Die Principal-Agent-Theorie geht von einer Nutzenmaximierung beider Vertragsparteien aus, die beispielsweise in einem arbeitsvertraglichen Verhältnis zwischen

Principal und Agent gegeben ist. Beide Parteien verfolgen das Ziel einer hohen Ab-
deckung ihrer persönlichen Bedürfnisse, was zu Interessenkonflikten zwischen Principal und Agent führen kann. Der Principal kann a priori nicht davon ausgehen, dass der
Agent die ihm übertragenen Aufgaben zur vollen Zufriedenheit erfüllt. Auch eine
Bonuszahlung kann an diesem Zustand wenig ändern, da sich eine Verifizierbarkeit
schwierig gestaltet. Anders sieht es aus, wenn der Agent sich mit seiner Aufgabe voll
identifizieren kann. In diesem Fall muss der Principal nicht befürchten, eine mangel-
hafte Leistung zu erhalten.

Um die Steuerbarkeit in größeren Unternehmen sicherzustellen, werden im Rahmen
eines arbeitsvertraglichen Verhältnisses zwischen Principal und Agent Rechte und
Pflichten festgelegt. Da nicht alle Entscheidungen vom Principal getroffen werden
können, erfolgt eine Weitergabe von Entscheidungsbefugnissen in unterschiedlichen
Facetten. Nach Picot (1993a) handelt es sich bei der Delegation im engeren Sinne um
eine Weitergabe von Entscheidungs-rechten. Durch die Delegation entstehe ein Infor-
mationsgefälle, da der Principal nur begrenzt Einblick in die Eigenschaften des
Agenten habe und seine Tätigkeiten nicht vollständig überwachen könne. Kräkel/
Sliwka (2001) merken hierzu an, dass eine Delegation einerseits eine Spezialisierung
von Agenten zulasse, andererseits für die Agenten größere Spielräume zur Folge habe,
die opportunistisches Verhalten gegenüber dem Principal begünstigen. Ein Verzicht
auf eine Delegation wäre jedoch wegen der Zunahme komplexer Sachverhalte und des
begrenzten zeitlichen Budgets des Principals kaum denkbar. Zudem seien Informationen an dezentralen Unternehmensstandorten besser verfügbar, was im Sinne der
Entscheidungsfindung vorteilhaft sein könne.[35]

Allerdings kann in größeren Unternehmen die Entsendung eines Mitarbeiters (Agent)
an einen dezentralen Standort eine Trennung zwischen disziplinarischer und fachlicher
Zuordnung zur Folge haben. In diesem Fall sieht sich der Auftragnehmer einem
zweiten Auftraggeber gegenüber. Die Folge ist eine Multi-Principal-Agent-Beziehung,
die Abbildung 5 verdeutlichen soll.

---

[35] Vgl. Kräkel/Sliwka (2001), S. 331 f.

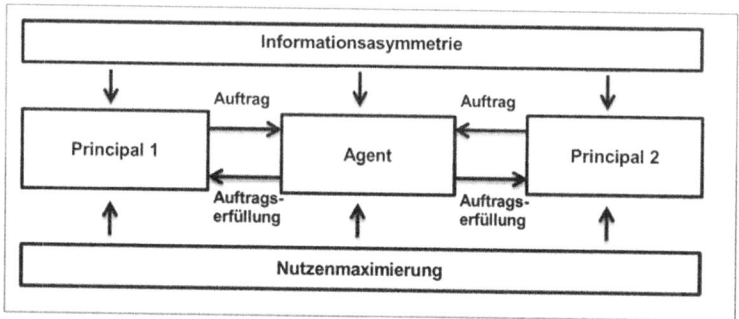

Abbildung 5: Multi-Principal-Agent-Beziehung
Quelle: eigene Darstellung

Im Unterschied zur Principal-Agent-Beziehung gibt es bei der Multi-Principal-Agent-Beziehung einen zweiten Principal, der sich mit seinen individuellen Eigenschaften in die „Beziehung" mit einbringt. Hieraus können sich Probleme nicht nur zwischen dem Principal und dem Agenten, sondern auch zwischen den beiden Auftraggebern ergeben.

In der Principal-Agent-Theorie werden Agency-Konflikte unterschiedlich klassifiziert. Konflikte zwischen Principal und Agent werden in der Literatur als Agency-Konflikte Typ 1, Principal-Principal-Konflikte als Agency-Konflikt Typ 2 bezeichnet.[36]

2.1.1.1 Interessenkonflikte

Die Principal-Agent-Theorie unterscheidet verschiedene Interessenkonflikte zwischen Principal und Agent. Jost (2001) sieht folgende sich aus Typ 1 ergebende Konflikte:

■ Der Principal ist daran interessiert, dass der Agent seine Leistung möglichst gut erfüllt, um einen größtmöglichen Gewinn zu erwirtschaften. An diesem Gewinn wird der Agent in Form der Arbeitsentlohnung beteiligt. Andererseits will der Principal seinen Nutzen maximieren, indem er die Entlohnung des Agenten möglichst gering hält.

■ Der Agent hingegen verfolgt das Ziel, seine Entlohnung unter Berücksichtigung der Arbeitskosten bei möglichst geringem Arbeitseinsatz zu maximieren.[37]

Wegen dieser Interessenkonflikte müsse der Principal bestrebt sein, mit dem Agenten ein vertragliches Verhältnis einzugehen, damit das strategische Handeln mit den Zielen des Agenten konform ist. Eine Möglichkeit könnte der Anreiz durch variable

---

[36] Vgl. Carney et al. (2010), S. 486 f.
[37] Vgl. Jost (2001), S. 16. f.

Entgeltbestandteile sein, die so gestaltet sind, dass Entscheidungen des Agenten im Hinblick auf den Grad der Aufgabenerfüllung beeinflusst werden.[38] Ziel sei ein Interessenausgleich zwischen Agent und Principal (Anreizkompatibilitätsbedingung[39]). Der Agent sei nur dann zur Vertragsannahme bereit, wenn der erwartete Nutzen mindestens so groß ist wie in einer alternativen Beziehung (Reservationsnutzen). Das Anreiz- bzw. Entlohnungsmodell müsse ein Mindestnutzenniveau enthalten, damit der Agent zur Teilnahme bereit ist (Teilnahmebedingung).[40] Der Principal stehe vor der Hausforderung, dem Agenten einen Vertrag unter Berücksichtigung der Teilnahme- und Anreizkompatibilitätsbedingung anzubieten.[41]

Interessenkonflikte können sich durch einen weiteren Auftraggeber noch verschärfen, wenn dem Agent zwei Principals mit unterschiedlichen Interessen gegenüberstehen.[42] Diese Fallkonstellation wird als „Serving-Two-Masters"-Problem bezeichnet, bei dem der Auftragnehmer einem Geflecht von verschiedenen Interessen ausgesetzt ist.[43]

Im Vergleich zum Grundmodell der Principal-Agent-Theorie birgt das Multi-Principal-Agent-Modell ein höheres Konfliktpotential. Jeder Principal ist durch seine individuelle Interessenlage charakterisiert, die der Agent zu berücksichtigen hat. Eine völlige Zielerreichung ist jedoch nicht immer möglich, da auch gegenläufige Ziele denkbar sind. In diesem Fall steckt der Agent in einem Dilemma. Er wird darauf bedacht sein, die Interessen beider Auftraggeber zu befriedigen, was nur schwierig zu realisieren sein wird. Im Rahmen des Multi-Principal-Agent-Modells kann sich noch ein weiteres Problem ergeben, nämlich ein Agency-Konflikt Typ 2 zwischen Principal und Principal, wenn sich ein möglicher Konflikt zwischen Principal 1 und Agent bzw. Principal 2 und Agent wegen unterschiedlicher Ziele nicht lösen lässt.

2.1.1.2   Informationsasymmetrie

Theoretisch ist eine gleiche und vollständige Informationsbasis für Principal und Agent möglich. Die Realität weicht jedoch vom Idealzustand ab.[44] Die Principal-Agent-Theorie ist durch den unterschiedlichen Informationsstand zwischen Principal und Agent gekennzeichnet.[45] Es besteht die Gefahr, dass der Principal nicht genau weiß, was der Auftragnehmer gemacht hat und ob er sich vereinbarungsgemäß verhalten hat.[46] Man spricht in diesem Fall von Informationsasymmetrie,[47] die neben den Interessenkonflikten und den unterschiedlichen Risikoeinstellungen das Grundmodell

---

[38]   Vgl. ebda., S. 17.
[39]   Vgl. ebda., S. 19.
[40]   Vgl. ebda., S. 19.
[41]   Vgl. ebda., S. 20.
[42]   Vgl. Shapiro (2005), S. 278.
[43]   Vgl. Donovan (1990), S. 371.
[44]   Vgl. Pratt/Zeckhauser (1985), S. 2; Picot (1993b), S. 319.
[45]   Vgl. Pratt/Zeckhauser (1985), S. 4; Eisenhardt (1989), S. 61 ff.
[46]   Vgl. Eisenhardt (1989), S. 61 ff.
[47]   Vgl. Müller (2006), S. 83; Jost (2001), S. 21.

der Principal-Agent-Theorie prägt.[48] Die auftretenden Abweichungen vom Ideal-zustand werden als Agency-Kosten angesehen.[49] Jensen/Meckling (1976) definieren die Agency-Kosten als die Summe aus den Überwachungskosten des Principals, den Garantieleistungskosten des Agenten sowie den Residualverlusten.[50] Um die Infor-mationsasymmetrie zu analysieren, ist es notwendig, die Interaktion zwischen Principal und Agent im Zeitverlauf näher zu betrachten.

Beim zeitlichen Referenzmodell (vgl. Abbildung 6) wird angenommen, dass Principal und Agent den gleichen Informationsstand haben, also Informationssymmetrie besteht. Da aber beide Parteien keine perfekten Informationen besitzen, werden zum Zeitpunkt t=4 zufällige Einflussgrößen auf die Aufgabendurchführung als exogene Einfluss-faktoren berücksichtigt.[51]

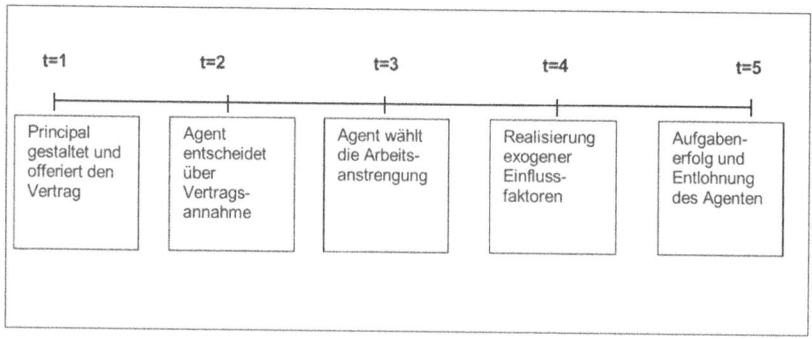

Abbildung 6: Interaktion Principal und Agent ohne Informationsasymmetrie
Quelle: in Anlehnung an Jost (2001), S. 24.

Kann der Principal das Verhalten des Agenten nicht beobachten, tritt eine Infor-mationsasymmetrie ein, deren verschiedene Fallkonstellationen näher betrachtet wer-den.

Grundsätzlich sind vier verschiedene Fallkonstellationen möglich. Je nach Entste-hungszeitpunkt wird zwischen *hidden characteristics, hidden information, hidden action und hidden intention*[52] unterschieden. Als *hidden characteristics* bezeichnet man unveränderbare Eigenschaften des Agenten, die sich auf ihn selbst oder seine Arbeit beziehen und die der Principal vor Vertragsabschluss nicht kennt.[53] In der Situation von *hidden information* kann der Principal das Verhalten des Agenten zwar

---

[48]   Vgl. Jost (2001), S. 23.
[49]   Vgl. Picot (1993b), S. 319 ff.
[50]   Vgl. Jensen/Meckling (1976), S. 308.
[51]   Vgl. Jost (2001), S. 24.
[52]   Zur weiteren Erläuterung der Begrifflichkeit „hidden action" siehe hierzu Arrow (1985), S. 37 ff.
[53]   Vgl. Picot (1993b), S. 321.; Wiemann (2011), S. 18.

beobachten, aber nicht unmittelbar beurteilen.[54] Kann der Principal das Verhalten des Agenten nach Vertragsabschluss aufgrund mangelnder Fachkenntnis nicht beurteilen oder aus praktischen Gründen nicht beobachten, spricht man von *hidden action*.[55] *Hidden intention* bezeichnet die Ungewissheit, wie sich der Agent im Laufe der Principal-Agent-Beziehung verhält.[56] Die daraus resultierenden Probleme und Gefahren sowie mögliche Lösungen sind in Anlehnung an Küpper et al. (2013) in Tabelle 1 zusammengefasst.

Tabelle 1:   Formen und Probleme der Principal-Agent-Theorie

Vergleichs-kriterium	hidden characteristics	hidden information	hidden action	hidden intention
Entstehungs-zeitpunkt	vor Vertragsabschluss	nach Vertragsabschluss vor Entscheidung	nach Vertragsab-schluss nach Entscheidung	nach Vertragsab-schluss
Entstehungs-ursache	ex-ante verborgene Eigenschaften	nicht beobachtbarer Informationsstand des Agenten	nicht beobachtbare Aktivitäten des Agenten	nicht beobachtbare Ziele
Problem	Eingehen einer Vertragsbeziehung	Ergebnisbeurteilung	Verhaltens-/Leistungs-beurteilung	irreversibles Eingehen eines Vertragsver-hältnisses
resultierende Gefahr	adverse selection	moral hazard	moral hazard, shirking	hold up
Lösungen	signalling screening self selection	Anreizsysteme, Kontrollsysteme, self selection	Anreizsysteme, Kontrollsysteme	Kontrollsysteme

Quelle: in Anlehnung an Küpper (2001), S. 48.

Hidden characteristics

Unter *hidden characteristics* versteht man „versteckte Eigenschaften", die zwischen Principal und Agent vor Vertragsabschluss bestehen.[57] Für den Principal ist es zwar möglich, das Verhalten des Agenten zu beobachten, aber wegen nicht beobachtbarer Eigenschaften des Agenten kann die Aufgabendurchführung nicht genau eingeschätzt werden.[58] Den zeitlichen Verlauf der Informationsasymmetrie unter Berücksichtigung unbeobachtbarer Effekte verdeutlicht Abbildung 7.

---

[54]   Vgl. Jost (2001), S. 30.
[55]   Vgl. Picot (1993b), S. 322.
[56]   Vgl. ebda., S. 323.
[57]   Vgl. Küpper (2001), S 48.
[58]   Vgl. Jost (2001), S. 27.

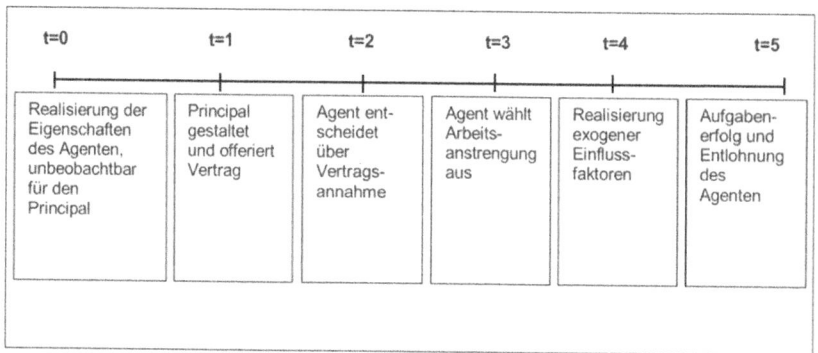

Abbildung 7: Principal-Agent-Beziehung bei unbeobachtbaren Eigenschaften des Agenten

Quelle: in Anlehnung an Jost (2001), S. 28

Es wird angenommen, dass der Agent vor der Vertragsgestaltung und dem Vertrags-angebot zum Zeitpunkt t=0 für den Principal nicht beobachtbare Eigenschaften besitzt.[59] Alparslan (2006) nennt als mögliche Eigenschaften des Agenten die persön-liche Präferenz und sein Leistungsvermögen, den Reservationsnutzen sowie sein Experturteil.[60] Nach der Vertragsofferte entscheidet der Agent über eine Vertrags-annahme und legt danach seine Arbeitsanstrengung fest.

Hidden information

Im Vergleich zu *hidden characteristics* entsteht bei *hidden information* die Informa-tionsasymmetrie erst nach Vertragsabschluss zwischen Principal und Agent.[61] Zum Zeitpunkt des Vertragsabschlusses haben beide Akteure noch einen Informations-gleichstand, der sich im Zeitverlauf zu Gunsten des Agenten ändert. Damit erhält der Agent einen Informationsvorsprung gegenüber dem Principal.[62] Der zeitliche Verlauf stellt sich nach Jost (2001) wie folgt dar:

---

[59]   Vgl. Jost (2001), S. 28; Wiemann (2011), S. 17;
[60]   Vgl. Alparslan (2006), S. 22.
[61]   Vgl. Küpper (2001), S. 48.
[62]   Vgl. Petersen (1989), S. 32; Küpper (2001), S. 48; Jost (2001), S. 30.

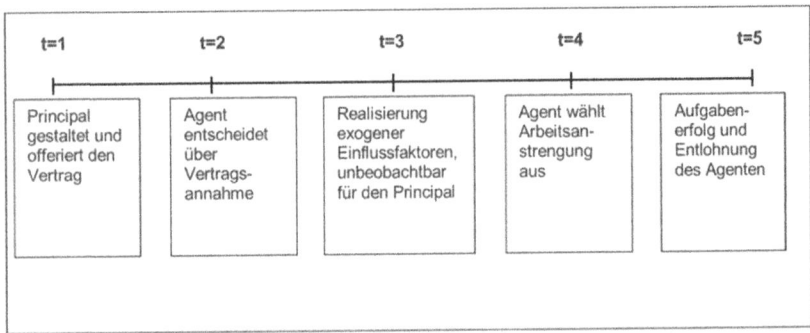

Abbildung 8: Principal-Agent-Beziehung unter Berücksichtigung unbeobachtbarer Informationen

Quelle: in Anlehnung an Jost (2001), S. 30.

Der Principal gestaltet einen Vertrag und legt ihn dem Agenten vor, der über die Vertragsannahme entscheidet. Im Zeitverlauf verändert sich der Informationsstand, da der Principal exogene Einflussfaktoren nicht beobachten kann.[63] So kann eine Informationsasymmetrie entstehen. Exogene Einflüsse können private Informationen des Agenten sein, die der Principal nicht einsehen kann.[64] Fehlt dem Principal der Sachverstand, das Arbeitsergebnis des Agenten zu beurteilen, kann dies zu einer weiteren Störgröße führen.[65] Der Agent wählt im Zeitraum t=4 seine Arbeitsanstrengung aus und wird mit Vertragsannahme seinem Arbeitserfolg entsprechend entlohnt. Ein Beispiel soll die aus der Beziehung resultierenden Probleme verdeutlichen. Der Agent hat im Rahmen seiner Aufgabendurchführung Informationen erhalten, von denen der Principal keine Kenntnis hat.[66] Aufgrund der persönlichen Nutzenmaximierung gibt der Agent nur Informationen an den Principal weiter, die für ihn vorteilhaft sind. Diese Gefahr wird als „moral hazard" bezeichnet.[67]

Hidden action

In den meisten Fällen der Principal-Agent-Beziehung liegt der Fokus auf *hidden action*,[68] die dadurch charakterisiert ist, dass der Principal nach Vertragsabschluss die Ergebnisse, aber nicht die Aktivitäten des Agenten beobachten kann.[69] Insbesondere kann der Principal nach Jost (2001) die Arbeitsanstrengung des Agenten aufgrund exogener Einflüsse nicht abschätzen. Die Aufgabendurchführung könne nicht

---

[63] Vgl. Alparslan (2006), S. 23.
[64] Vgl. Jost (2001), S. 30.
[65] Vgl. Picot (1991), S. 152.
[66] Vgl. Jost (2001), S. 31.
[67] Vgl. Küpper (2001), S. 49; Arrow (1985), S. 39; Alchian/Woodward (1988), S. 68; Petersen (1989), S. 31; Kiener (1990), S. 24. f.
[68] Vgl. Breid (1995), S. 824; Arrow (1984), S. 3; Wenger/Terberger (1988), S. 507.
[69] Vgl. Picot (1991), S. 151 und (1993b), S. 322; Breid (1995), S. 824; Jost (2001), S. 25; Wiemann (2011), S. 17.

eindeutig dem Verhalten des Agenten zugerechnet werden.[70] Die Interaktion zwischen Principal und Agent unter Berücksichtigung unbeobachtbarer Effekte veranschaulicht Abbildung 9:

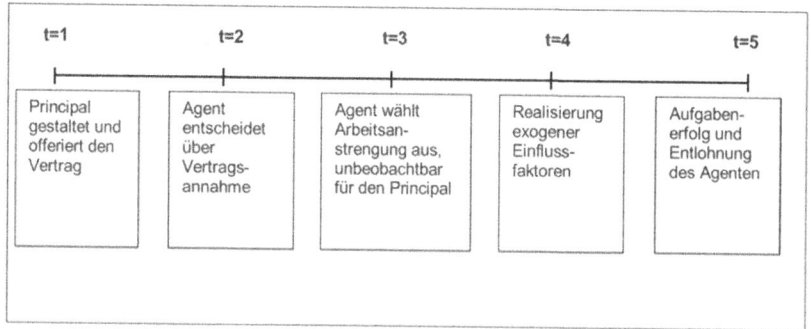

Abbildung 9: Principal-Agent-Beziehung unter Berücksichtigung unbeobachtbarer Effekte
Quelle: in Anlehnung an Jost (2001), S. 26.

In der dargestellten Fallkonstellation legt der Agent nach Vertragsannahme seine Arbeitsanstrengung fest, die für den Principal nicht einsehbar ist. Ein schlechtes Arbeitsergebnis könnte der Agent mit dem Eintritt ungünstiger nicht beobachtbarer Einflussfaktoren begründen.[71] Für den Agenten bestehen die Möglichkeiten seinen Informationsvorsprung zu nutzen, um eigene Interessen zu verfolgen, die nicht mit denen des Principals einhergehen.[72] Diese Situation tritt insbesondere dann ein, wenn dem Principal entweder die notwendige Fachkenntnis fehlt, um die Aktivitäten des Agenten zu beurteilen, oder wenn er aus praktischen Gründen nicht in der Lage ist, dessen Handeln zu beurteilen.[73]

Hidden intention

Im Fall von *hidden intention* verfolgt der Agent gegenüber dem Principal „versteckte" Ziele. Nach Vertragsabschluss weiß der Principal nicht, wie sich der Agent im Lauf der Vertragsbeziehung verhält.[74] Der Agent könnte die Situation ausnutzen und versuchen nachzuverhandeln.[75] Die Gefahr, die daraus resultiert, wird als *hold up* bezeichnet. Im Rahmen des Principal-Agent-Modells spielt *hidden intention* aufgrund

---

[70] Vgl. Jost (2001), S. 26.
[71] Vgl. ebda., S. 26.
[72] Vgl. Kah (1994), S. 23.
[73] Vgl. Picot (1991), S. 151 und (1993b), S. 322; Breid (1995), S. 824.
[74] Vgl. Picot (1993b), S. 323.
[75] Vgl. Goldberg (1980), S. 339; Küpper (2001), S. 49.

der Abgrenzungsschwierigkeiten zu den anderen Arten der Informationsasymmetrie eine untergeordnete Rolle.[76]

2.1.2 Gefahren der Informationsasymmetrie

Aus den Formen der Informationsasymmetrie und ihrer Entstehungszeitpunkte resultieren die Gefahren von *adverse selection, moral hazard, shirking oder hold up.*

Adverse selection

Aus der beschriebenen Informationsasymmetrie resultiert die Gefahr von *adverse selection*[77], der Auswahl unerwünschter Vertragspartner, wenn der Principal Eigenschaften seines Agenten vor Vertragsabschluss nicht kennt und unterdurchschnittliche Eigenschaften ihm gegenüber verheimlicht werden. [78]*Adverse selection* tritt vor allem im Versicherungswesen, Gebrauchtwagenhandel, Arbeitsmarkt, Informationsmarkt und Kreditwesen auf.[79] Nach Akerlof (1970) komme es in diesem Fall zu einer Negativauswahl, die er an einem Beispiel aus dem Gebrauchtwagenhandel, auf dem „gute" und „schlechte" Autos gehandelt werden, verdeutlicht. Der Käufer kenne lediglich die durchschnittliche Qualität der Gebrauchtwagen, die Qualität jedes einzelnen Wagens sei für ihn nicht beurteilbar, während dem Verkäufer die Qualität jedes Gebrauchtwagens genauer bekannt sei. Der Agent werde sich wegen des Preises für einen Gebrauchtwagen mit durchschnittlicher oder schlechterer Qualität entscheiden. Als Folge würden sich Anbieter mit guten Gebrauchtwägen vom Markt zurückziehen. So komme es zu einem weiteren Qualitätsverlust, da sich die schlechteren Gebrauchtwägen am Markt durchsetzen würden.[80]

Moral hazard

Im Vergleich zur *adverse selection* tritt *moral hazard* während der Principal-Agent-Beziehung nach Vertragsabschluss auf. Die Eigenschaften des Agenten kann der Auftraggeber entweder nicht beobachten oder fachlich nicht beurteilen.[81] Auch könnten nicht beobachtbare exogene Einflüsse das Ergebnis der Dienstleistung beeinflussen. Der Principal kann nicht per se vom Arbeitsergebnis auf die Leistung des Agenten schließen. Es besteht die Gefahr, dass der Agent diesen Spielraum zu seinen Gunsten auszunutzen versucht.[82]

Als Beispiel beschreiben Picot et al. (2008) eine Vorgesetzten-Angestellten-Beziehung. Die Handlungen des Angestellten können durch den Vorgesetzten nicht

---

[76] Vgl. Breid (1995), S. 825.
[77] Vgl. Akerlof (1970), S. 493; Küpper (2001), S 48; Richter/Furubotn (2010), S. 163 ff.
[78] Vgl. ebda., S. 74.
[79] Vgl. Picot et al. (2008), S. 80.
[80] Vgl. Akerlof (1970), S. 489.
[81] Vgl. Hölmstrom (1979), S. 74; Mirrlees (1999), S. 3; Picot et al. (2008), S. 75.
[82] Vgl. Picot et al. (2008), S. 75; Alparslan (2006), S. 27. Richter/Furubotn (2010), S. 220.

lückenlos überwacht werden. Zudem könne es zu einem Beurteilungsproblem kommen, wenn der Vorgesetzte die Handlung zwar beobachten, jedoch keine Bewertung vornehmen kann,[83] da der Agent über ein anderes Fachwissen verfügt als der Principal. Diese aus der Informationsasymmetrie resultierende Gefahr wird als „moral hazard" bezeichnet.

Shirking

Bei der Gefahr des *shirking* liegt eine identische Principal-Agent-Beziehung wie bei *moral hazard* vor. Der Agent versucht sich vor seiner Arbeit zu „drücken" (engl. shirk). Der Principal ist nicht imstande, das Handeln des Agenten und die Stärke seiner Arbeitsmotivation vollständig zu beurteilen. Möglicherweise könnte der Agent mehr leisten, aber er nutzt das Informationsdefizit des Principals bewusst zu seinen Gunsten aus.[84]

Hold up

Während den beschriebenen Fallkonstellationen eine Informationsasymmetrie zwischen den Vertragsparteien zugrunde liegt, geht es bei *hold up* um eine Beziehung zwischen den Vertragsparteien und Dritten. Wenn die Vertragsparteien beim Gegenüber Opportunismus beobachten, können sie dieses Verhalten aufgrund des Abhängigkeitsverhältnisses nicht verhindern.[85] Nach Küpper et al. (2013) erbringt der Principal mit dem Vertragsschluss eine oder mehrere Leistungen, die der Agent zu seinen Gunsten nutzen kann. Verdeutlicht wird dies am Beispiel eines Angestellten, der sich auf Kosten des Principals einarbeiten lässt und damit Kenntnisse über das Unternehmen erlangt, die er zu einer Nachverhandlung nutzt, um seine Situation zu verbessern.[86]

2.1.3 *Instrumente zur Verringerung der Gefahren*

Für die oben erwähnten Konstellationen der Gefahren der Informationsasymmetrie gibt es verschiedene Lösungsansätze. Ausgehend vom Grundmodell der Principal-Agent-Beziehung werden verschiedene Instrumente zur Lösung der möglichen Gefahren thematisiert.

Signalling

Eine Möglichkeit, im Rahmen der Principal-Agent-Beziehung die Gefahr der *adverse selection* zu minimieren, besteht in der Verringerung des Informationsgefälles zwischen den beiden Akteuren. Mithilfe von *signalling* kann sich ein Agent mit hoher Leistungsqualität von anderen absetzen, indem er den Principal im Vorfeld der

---

[83] Vgl. Picot et al. (2008), S. 75.
[84] Vgl. Küpper (2001), S. 49.
[85] Vgl Picot et al. (2008), S. 75.
[86] Vgl. Küpper et al. (2013), S. 104.

Vertragsvereinbarung durch Vorlage von Zeugnissen, Referenzen und anderen privaten Informationen davon überzeugt, dass er die gewünschten Leistungsmerkmale besitzt.[87]

Screening

„Unter Screening versteht man die vertraglichen und nicht-vertraglichen Lösungs-ansätze, die der Prinzipal ergreift, um sein Informationsdefizit bezüglich der Eigen-schaften des Agenten vor Vertragsabschluss abzubauen."[88] Screening kann beispiels-weise durch Qualitätsprüfungen oder Leistungstests erfolgen.[89] Auch Probefahrten bei Gebrauchtwägen oder eine Überprüfung der Kreditwürdigkeit des Agenten sieht Picot et al. (2008) als Lösungsbeispiele an.[90] Um eine Verminderung der adverse selection zu erreichen, wird nach Jost (2001) der Principal versuchen, dem Agenten einen geeigneten Vertrag anzubieten unter der Annahme, dass unterschiedliche Agenten-Typen unterschiedliche Entscheidungen treffen.

Self selection

Im Rahmen von *self selection* bietet der Principal dem Agenten mehrere Vertrags-optionen an.[91] Laut Picot (1993b) und Alparslan (2006) wird der Agent nach seinen Qualitätsmerkmalen den Vertrag mit dem größten Nutzen auswählen. Dabei werden die Eigenschaften des Agenten dem Principal offen gelegt. Als Beispiel nennt Picot (1993b) einen Versicherungsgeber, der einen Versicherungsvertrag unter Berücksich-tigung unterschiedlicher Vertragsbedingungen, wie zum Beispiel Selbstbeteiligung, an-bietet.[92]

Anreizsystem

Die mangelnde Beurteilbarkeit der Arbeitsanstrengungen des Agenten durch den Principal macht ein Anreizsystem erforderlich.[93] Ein möglicher extrinsischer Anreiz könnte die Einbindung des Agenten durch eine Ergebnisbeteiligung sein.[94] Je höher der Anreiz für den Agenten ist, desto größer ist seine Motivation, im Sinne des Principals zu handeln, und desto geringer sind mögliche Interessenkonflikte. Deshalb wird die Entscheidungsalternative gewählt, die zu einer größeren Arbeitsintensität führt. Der Agent hat durch die Ergebnisbeteiligung einen größeren Anreiz ein besseres Ergebnis zu erreichen und eine externe Einflussgröße wirkt sich weniger auf sein

---

[87] Vgl. Picot (2008), S. 78.
[88] Alparslan (2006), S. 29.
[89] Vgl. Alparslan (2006), S. 29.
[90] Vgl. Jost (2001), S. 28. f.; Picot et al. (2008), S.78; Richter/Furubotn (2010), S. 259.
[91] Vgl. Alparslan (2006), S. 30.
[92] Vgl. Picot (1993b), S. 322.
[93] Vgl. Breid (1995), S. 826.
[94] Vgl. Picot (1993b), S. 322.

Leistungsverhalten aus. Diese Lösungsmöglichkeit ist sowohl auf *hidden action* als auch *hidden information* anwendbar.[95]

Kontrollsystem

Der Einsatz von Anreizsystemen macht eine Kontrolle des Agenten nicht überflüssig. Durch eine wirksame Kontrolle können Fehlentscheidungen vermieden und die Effizienz des Anreizsystems überwacht werden.[96] Der Principal kann im Fall von *hidden action* eine Vertragskonstellation wählen, die seinen Vorstellungen entspricht, und dann die Einhaltung seiner Vorstellungen überwachen und, falls notwendig, Sanktionen vornehmen.[97] Picot et al. (2008) weist auf die bekannte Tatsache hin, dass Kontrolle bei gut strukturierten, stabilen, homogenen, häufig identisch wiederholten Aufgaben gut funktioniert. In einem dynamischen Umfeld mit einer heterogenen Aufgabensituation sei dagegen eine wirksame Kontrolle als schwierig einzustufen.[98] Bei *moral hazard* sieht Alparslan (2006) die Effizienz von Kontrollen als gering an.[99]

2.2 Entscheidungen unter begrenzter Rationalität

Nach Picot et al. (2008) sowie Ebers/Gotsch (2002) wird in der Principal-Agent-Theorie eine unvollständige Information angenommen.[100] Das Modell des *homo oeconomicus* als Idealtypus ist heute aufgrund der beschränkten Rationalität auf dem Rückzug.[101] Simon (1955) äußerte bereits vor sechzig Jahren Kritik an der Principal-Agent-Theorie: *"Broadly stated, the task is to replace the global rationality of economic man with a kind of rational behavior that is compatible with the access to information and the computational capacities that are actually possessed by organisms, including man, in the kinds of environments in which such organisms exist."*[102] Er geht davon aus, dass der Wille rational zu handeln zwar vorhanden, aber eine vollständige Information als Entscheidungsgrundlage nicht gegeben sei.[103]

Entscheidungen, die als Wahloption zwischen mindestens zwei Handlungsoptionen angesehen werden können, würden daher unter Risiko oder unter Unsicherheit getroffen. In beiden Fällen komme es bei einer Entscheidung zu einem Verlust.[104] Bei näherer Betrachtung erkennt man, dass dies nicht ungewöhnlich ist, sondern Bestand-

---

[95] Vgl. Alparslan (2006), S. 32.
[96] Vgl. Breid (1995), S. 844.
[97] Vgl. Alparslan (2006), S. 33.
[98] Vgl. Picot et al. (2008), S. 364.
[99] Vgl. Alparslan (2006), S. 33.
[100] Vgl. Picot et al. (2008), S. 74. und S. 142 sowie Ebers/Gotsch (2006), S. 249.
[101] Vgl. Baumann (2008), S. 556.
[102] Simon (1955), S. 99.
[103] Vgl. Picot et al. (2008), S. 58.
[104] Vgl. Huber (2004), S. 1.

teil unserer alltäglichen Entscheidungen. Bei einer Entscheidung zwischen Alternativen lässt sich das Ergebnis nicht mit gänzlicher Wahrscheinlichkeit vorhersagen.[105]

2.2.1 Heuristiken als Entscheidungshilfe

Der Psychologe und Nobelpreisträger Daniel Kahneman und sein Kollege Amos Tversky haben das Entscheidungsverhalten analysiert und als Ergebnis konstatiert, dass intuitive Entscheidungen mittels Heuristiken[106] im Vergleich zum rational denkenden Menschen (homo oeconomicus) die Regel sind.[107] Oft werden Entscheidungen mittels einfacher Daumenregeln getroffen, um komplexe Themen zu vereinfachen.[108] Kahneman ist der Ansicht, dass Menschen bei Entscheidungen nach dem Gesetz der geringsten Anstrengung vorgehen. Die beschriebene Vorgehensweise berge jedoch Risiken, da es bei der Entscheidungsfindung zu systematischen Entscheidungsfehlern (Biases) kommen könne.[109]

Kahneman unterscheidet in seinen Ausführungen zwischen einer schnellen Denkweise (System I) und einer langsamen (System II).[110] System I umfasst intuitive Entscheidungen, System II kontrollierte Entscheidungen. System I ist dadurch charakterisiert, dass es automatisch, schnell, weitgehend mühelos und intuitiv arbeitet, während System II eine mentale Verarbeitung vornimmt.[111] System II wird vor allem dann mobilisiert, wenn System I keine Entscheidungen treffen kann. Es kontrolliert dabei System I, indem es ihm kontinuierlich neue Vorschläge unterbreitet.[112] Die Leistungsfähigkeit von System I wird dabei von Heuristiken beeinflusst.[113]

Gigerenzer steht den Ergebnissen von Kahneman und Tversky kritisch gegenüber. Er widerlegt die drei Thesen, dass Entscheidungen mittels Heuristiken im Vergleich zu rationalen Entscheidungen grundsätzlich immer schlechter sind, Heuristiken auf Grund möglicher geistiger Grenzen eingesetzt werden sowie dass Entscheidungen bei maximaler Informationsbasis und mehr investierter Zeit immer besser sind. Oft könnten einfache Heuristiken besser sein als komplexe Berechnungsprozeduren. Nach seiner Ansicht werden Heuristiken von Umwelteinflüssen und evolutionären Fähigkeiten (Wiedererkennungseffekten) beeinflusst.[114] Gigerenzer stuft Bauchentscheidungen im Vergleich zu rational getroffenen Entscheidungen unter bestimmten Voraussetzungen

---

[105] Vgl. Laux et al. (2012), S. 81.
[106] "Heuristics are an approximate strategy or ''rule of thumb'' for problem solving and decision making that does not guarantee a correct solution but that typically yields a reasonable solution quickly or brings one closer to hand." Hertwig/Todd (2002), S. 449.
[107] Vgl. Kahneman/Tversky (1979), S. 263.
[108] Vgl. Kahneman et al. (1982), S. 1124.
[109] Vgl. Kahneman (2012), S. 56.
[110] Vgl. ebda., S. 32.
[111] Vgl. ebda., S. 33.
[112] Vgl. ebda., S. 37.
[113] Vgl. ebda., S. 38.
[114] Vgl. Vranas (2000), S. 179.

als besser ein, da letztere nicht wirklich beschreiben, wie Menschen in der Realität denken.[115] Er bezeichnet diese Form der Entscheidung als „unbewusste Intelligenz".[116] Bauchentscheidungen sind aus seiner Sicht Urteile, die rasch im Bewusstsein auftauchen, deren tiefere Gründe uns nicht ganz bewusst, aber so stark sind, um zu einem finalen Urteil zu kommen.[117] Ausschlaggebend seien unbewusste Faustregeln, die von evolutionären Fähigkeiten sowie Umwelteinflüssen beeinflusst sind.[118] Das menschliche Verhalten könne sogar der komplexen Berechnung mittels der multiplen Regressionsanalyse überlegen sein,[119] wie er in seiner Studie „Take The Best" nachweist.[120] Durch das bewusste Weglassen von Informationen könne man zu einer besseren Entscheidung kommen.[121]

In der Literatur sind verschiedene Arten von Heuristiken zu finden. Zur besseren Abgrenzung werden in der vorliegenden Studie Heuristiken im Sinne von Tversky/ Kahnemann (1974) herangezogen und zwischen Verfügbarkeitsheuristik, Repräsentativitätsheuristik sowie Anker- und Anpassungsheuristik unterschieden.

2.2.2 Verfügbarkeitsheuristik

Unter Verfügbarkeitsheuristik versteht man die Einschätzung der Wahrscheinlichkeit von Ereignissen je nach ihrer Verfügbarkeit in der Erinnerung.[122] Tversky/Kahneman (1974) definieren sie wie folgt: *„There are situations in which people assess the frequency of a class or the probability of an event by the ease with which instances or occurrences can be brought to mind".*[123] Sie verdeutlichen die Verfügbarkeitsheuristik am Beispiel des Herzinfarktrisikos bei Menschen mittleren Alters. Wahrscheinlich beurteile man das Risiko nach dem Auftreten solcher Vorkommnisse im Bekanntenkreis.

Genauso schätzt man das Scheitern eines unternehmerischen Vorhabens nach den Schwierigkeiten ein, die erfahrungsgemäß auftreten könnten.[124] Eine Entscheidung aufgrund solcher Erinnerungen kann jedoch in die Irre führen. Nach Myers (2014) können verschiedene Determinanten die Verfügbarkeit beeinflussen. Beispielsweise könne das Alter oder die Priorität der Information die subjektive Verfügbarkeit erhöhen[125] und damit das Urteil verzerren.

---

[115] Vgl. Gigerenzer (2008), S. 11.
[116] Vgl. ebda., S. 24.
[117] Vgl. ebda., S. 25.
[118] Vgl. ebda., S. 56.
[119] Vgl. Marewski et al. (2009), S. 103.
[120] Vgl. Gigerenzer (2008), S. 159 ff.
[121] Vgl. Goldstein/Gigerenzer (2009), S. 760-772.
[122] Vgl. Myers (2014), S. 372.
[123] Tversky/Kahneman (1974), S. 1127.
[124] Vgl. Tversky/Kahneman (1974), S. 1127.
[125] Vgl. Myers (2014), S. 372.

2.2.3 Repräsentativitätsheuristik

Unter Repräsentativitätsheuristik versteht man die Beeinflussung einer Entscheidung durch wahrgenommene Ähnlichkeiten,[126] verfügbare Informationen werden als repräsentativ für ähnliche Fälle angenommen.[127] Auf der Basis der Repräsentativität wird auf die Wahrscheinlichkeit von Fällen geschlossen.[128] Wenn sich die urteilenden Personen zu stark auf wahrgenommene Ähnlichkeiten verlassen, kann es zu einer Über- oder Unterschätzung von Wahrscheinlichkeiten und somit zu verzerrten Entscheidungen kommen. Die Vernachlässigung der Kategoriengröße dürfte der bekannteste Effekt der Repräsentativitätsheuristik sein (base rate neglect).[129]

2.2.4 Anker- und Anpassungsheuristik

Von Ankerheuristik spricht man, wenn Entscheidungen in relativer Abhängigkeit von einer Situation und Information getroffen werden.[130] Als Bezugsrahmen können unter anderem Expertenmeinungen dienen, die für zukünftige Entscheidungen als Anker herangezogen werden. In diesem Fall könnte ein Anker zu einem treffenden Urteil führen.[131]

Durch den Rückgriff auf einen Anker kann es aber beim Vorliegen von neuen Informationen zu einer unvollkommenen Schätzung kommen,[132] wenn die neuen Informationen nicht entsprechend berücksichtigt werden. In der Praxis ist die Anpassung des Ankers an die reale Gegebenheit oft unzureichend, was zu einem verzerrten Urteil führen kann.[133]

---

[126] Vgl. Fischer et al.(2013), S. 36.
[127] Vgl. Tversky/Kahneman (1974), S. 1126.
[128] Vgl. Kahnemann/Tversky (1972), S. 431.
[129] Vgl. Fischer et al.(2013), S. 36.
[130] Vgl. ebda., S. 32.
[131] Vgl. ebda., S. 32.
[132] Vgl. Tversky/Kahnemann (1974), S. 1128.
[133] Vgl. Epley/Gilvovich (2006), S. 311.

3 Objektivität und Rotation in der Internen Revision

Die allgemeinen theoretischen Grundlagen werden im Zusammenhang mit Objektivität und Rotation in der Internen Revision näher betrachtet. Vorab werden die beruflichen Determinanten Interner Revisoren beleuchtet, die die Grundlage für ihr Handeln bilden. Da das Thema Objektivität und Rotation vor allem in der Literatur über das externe Prüfungswesen zu finden ist,[134] fließt diese in die Betrachtung mit ein. Dabei stehen die Interaktionen zwischen dem Chief Audit Executive (CAE) und dem dezentralen Revisionsleiter (RL) im Kontext der Principal-Agent-Theorie im Mittelpunkt. Für eine effektive Interne Revision ist unter anderem die Objektivität von Revisoren eine wichtige Voraussetzung.

3.1 Berufliche Determinanten von Revisionsleitern

Nach den *Internationale(n) Standards für die berufliche Praxis der Internen Revision* ist das objektive Handeln des Revisors geprägt durch das professionale Urteilsvermögen (*professional judgement*), das als notwendige Bedingung für kritische Prüfungshandlungen angesehen wird. Sind Interessenkonflikte vorhanden, können diese die Prüfungsergebnisse beeinflussen.[135] Durch *professional skepticism* kann das Urteilsvermögen eines Prüfers jedoch gestärkt werden.[136]

Nach Nelson (2009) sowie Quadackers et al. (2014) ist eine Definition von *professional skepticism* in der einschlägigen Literatur nicht zu finden.[137] Eine mögliche Definition liefert ISA 200: *„Professional skepticism is an attitude that includes a questioning mind and a critical assessment of the appropriateness and sufficiency of audit evidence".*[138] Demnach ist *professional skepticism* eine Haltung, die durch eine hinterfragende Denkweise und eine kritische Einschätzung, ob Prüfungsnachweise angemessen und ausreichend sind, gekennzeichnet ist. Nelson (2009) charakterisiert *professional skepticism* als *„indicated by auditor judgments and decisions that reflect a heightened assessment of the risk that an assertion is incorrect, conditional on the information available to the auditor".*[139] Urteile und Entscheidungen eines Revisors spiegeln nach Nelson (2009) eine erhöhte Bewertung des Risikos wider, dass eine Aussage, bedingt durch die zur Verfügung stehenden Informationen, unzutreffend sei. Ein hohes Maß an *professional skepticism* bewirkt nach Carpenter/Reimers (2013) eine höhere Effektivität der Prüfung und erhöht die Objektivität von Revisoren.[140]

---

[134] Vgl. Koch et al. (2012); Moore et al. (2006); Velte/Stiglbauer (2012); Geisler/Low (2007); Zilch (2010)
[135] Vgl. Hurtt et al. (2013), S. 47.
[136] Vgl. Carpenter/Reimers (2013), S. 66; Hurtt et al. (2013), S. 71.
[137] Vgl. Quadackers (2014), S. 1.
[138] ISA 200 A20
[139] Nelson (2009), S. 4.
[140] Vgl. Carpenter/Reimers (2013), S. 65.

Somit stellt *professional skepticism* eine zentrale Anforderung an einen Prüfer dar[141] und ist nach Louwers et al. (2011) als Zeichen für Objektivität anzusehen.[142]

Quadackers et al. (2014) sehen in der gegenwärtigen Literatur und den *International Standards of Auditing* (ISA) Neutralität und mutmaßliche Zweifel als die vorherrschenden Sichtweisen für die kritische Geisteshaltung des Prüfers.[143] Sie definieren Neutralität als die Sichtweise, bei der der Prüfer keine Voreingenommenheit in der Darstellung der Geschäftsleitung vermutet.[144] Diese Sichtweise ist nach der Argumentation von Nelson (2009) auch der Kern der gegenwärtigen Prüfungsstandards. Der Prüfer sucht einen Nachweis und bewertet diesen, um die Feststellungen der Geschäftsleitung zu bestätigen, aber auch um alternative Erklärungen auszuschließen.[145] Dieser Gesichtspunkt entspricht im Wesentlichen dem Prinzip „Vertrauen ist gut – Kontrolle ist besser".[146] Dagegen umschreibt der Zweifel die Haltung eines Prüfers, der eine gewisse Unredlichkeit oder Voreingenommenheit durch die Geschäftsleitung vermutet, sofern die Beweislage nicht etwas anderes aufzeigt.[147]

Nach den *Auditing Standards* der US-amerikanischen *Public Company Accounting Oversight Board* (PCAOB) setzt sich *professional skepticism* aus drei Bestandteilen zusammen:

- Eigenschaften (*attributes*)
- Denkweise (*mindset*)
- Tätigkeiten (*actions*)

Bei der näheren Betrachtung dieser Begriffe mithilfe der *Auditing Standards* und der einschlägigen Literatur stehen die Tätigkeiten des Prüfers im Mittelpunkt.

Eigenschaften

Nach der PCAOB nutzt der Prüfer sein Wissen, seine Fähigkeiten und Kenntnisse, um sorgfältig, in gutem Glauben und integer zu handeln, die Ergebnisse zusammenzufassen und objektiv zu bewerten.[148] Der Prüfer soll nach AU 230.06 die Aufgaben mit einem angemessenen Maß an Wissen, Fähigkeiten und Kenntnissen bearbeiten, so dass die Prüfungsnachweise bewertet und überprüft werden können.

Knechel et al. (2013) haben festgestellt, dass das Wissen und die Erfahrung eines Prüfers einen direkten Einfluss auf die Prüfungsqualität haben.[149] Aus der Revisions-

---

[141] Vgl. Brazel et al. (2007), S. 28.
[142] Vgl. Rasso (2013), S. 15; Louwers et al. (2011), S. 16.
[143] Zur besseren Lesbarkeit wird der mutmaßliche Zweifel als Zweifel bezeichnet.
[144] Vgl. Quadackers et al. (2014), S. 2.
[145] Vgl. Quadackers et al. (2014), S. 2; Nelson (2009), S. 4.
[146] Vgl. Quadackers et al. (2014), S. 2.
[147] Vgl. ebda., S. 1.
[148] Vgl. Auditing Standards (AU) 230 PCAOB
[149] Vgl. Knechel et al. (2013), S. 392.

erfahrung und der Spezialisierung ergeben sich laut Nelson (2009) sowohl positive als auch negative Einflüsse auf *professional skepticism.* Erfahrene Prüfer könnten häufige Fehler und komplexe Nachweismuster, die auf Fehler hindeuten, besser identifizieren, würden aber auch annehmen, dass fehlerfreie Erklärungen richtig sind. Das Wissen um komplexe Berufsstandards liefere Prüfern einen Vorteil, wenn sie mit den Kunden bei strittigen Buchführungsproblemen zusammenarbeiten.[150]

Denkweise

Laut PCAOB AU 230.09 darf der Prüfer nicht annehmen, dass die Geschäftsleitung uneingeschränkt ehrlich ist. Der Revisor sollte laut AU 230.13 die Prüfung so durchführen, dass er die Möglichkeit falscher Angaben aus betrügerischen Gründen erkennt, ungeachtet jeglicher früherer Erfahrung und seines Glaubens an die Ehrlichkeit und Integrität der Geschäftsleitung.[151]

Je stärker der Einfluss der drei Faktoren Eigenschaften, Denkweise und Tätigkeiten ist, umso größer dürfte die Objektivität eines Prüfers sein. Die Änderung einer einzelnen Einflussgröße könnte bereits Auswirkungen auf die Objektivität von Revisoren haben. Ausgehend von der Definition der Objektivität sollte ein Revisionsleiter ein Mindestmaß an kritischer Geisteshaltung besitzen.[152] Abbildung 10 veranschaulicht das Zusammenspiel der beschriebenen Einflüsse auf die Objektivität.

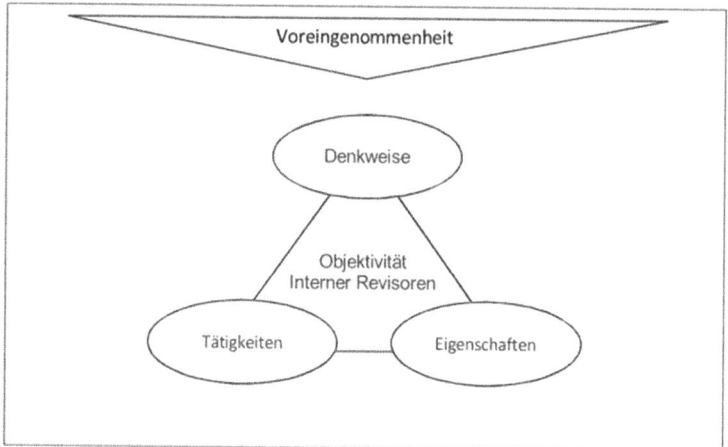

Abbildung 10: Determinanten von professional skepticism und Objektivität[153]

Quelle: in Anlehnung an Franzel (2013), S. 5.

---

[150] Vgl. Nelson (2009), S. 2.
[151] Vgl. AU 316.13 http://pcaobus.org/standards/auditing/pages/au316.aspx
[152] Vgl. Hurtt et al. (2013), S. 45.
[153] in Anlehnung an http://pcaobus.org/News/Speech/Documents/08052013_Presentation.pdf

Ein Mangel an *professional skepticism* könnte laut McCoy et al. (2011) eine unzulässige Auswirkung auf die Ergebnisse des Prüfungsprozesses haben. So habe PCAOB bei ihren Kontrollen aufgedeckt, dass Prüfer oft nicht genügend kritische Geisteshaltung bei ihren Prüfungen anwenden und dies die Qualität der Prüfungen beeinflusse. Diese Beobachtungen, die sich auf die Tätigkeiten von Wirtschaftsprüfungsgesellschaften beziehen, können ihrer Meinung nach auch auf Interne Revisoren übertragen werden und haben in internen Revisionsabteilungen eine noch größere Bedeutung, da die Internen Revisoren in einem vertrauten Umfeld prüfen.[154] Nach Vallabhaneni (2013) sollte sich der Interne Revisor hinsichtlich des Prüfungsziels und der Prüfungsnachweise kritisch verhalten. Notwendig sei eine Sensibilisierung gegenüber den immanenten Grenzen im Prüfungsprozess, um mögliche Schwachstellen des Prüfungsablaufes und der Prüfungsfehler sowie durch das Management beeinflusste Kontrollrisiken, Absprachen, Fälschungen und nicht aufgezeichnete Vorgänge zu erkennen und entsprechend zu handeln.[155]

Tätigkeiten

Bei der Zusammenfassung der Prüfungsnachweise und deren objektiver Bewertung benötigt der Revisor neben der Prüfungskompetenz genügend Nachweise.[156] Nelson (2009) sieht dies als besonders wichtig an, da die Prüfungsdurchführung die Prüfungsqualität beeinflusse. Die Prüfungsplanung und die zu erörternden Prüfungsergebnisse sind dabei Schlüsselaufgaben. In mehreren Studien wurde nachgewiesen, dass es Anhaltspunkte für einen Zusammenhang zwischen der Risikobewertung und der Prüfungsplanung gibt. Bemerkenswert ist, dass Prüfer oft abgeneigt sind, ihr Prüfungsprogramm wegen Risikofaktoren zu ändern. Nach Glover et al. (2000) werden im Rahmen von Prüfungsplanentscheidungen weniger als 60 Prozent der Prüfungsprogramme angepasst.[157] Eine Erklärung hierfür könnte sein, dass Prüfer einerseits in ihrem Prüfungsprogramm bereits eine ausreichende Vorsorge getroffen haben, ein steigendes Risiko auszugleichen,[158] oder andererseits ausreichende Anreize in der Prüfungseffizienz wahrnehmen, die eine intensivere Prüfung zu verhindern versuchen.[159]

Die Objektivität eines Prüfers kann von verschiedenen Einflussgrößen beeinflusst werden. Um ein detaillierteres Bild von einem objektiven Entscheidungsprozess zu erhalten, ist es notwendig, ausgewählte Einflussfaktoren näher zu betrachten.

---

[154] Vgl. McCoy et al. (2011), S. 3.
[155] Vgl. Vallabhaneni (2013), S. 3.
[156] Vgl. AU 230.08 http://pcaobus.org/Standards/Auditing/Pages/AU230.aspx
[157] Vgl. Nelson (2009), S. 15.; Glover (2000), S. 42.
[158] Vgl. Nelson (2009), S. 15.
[159] Vgl. ebda., S. 16.

3.2 Einflussfaktoren auf die Objektivität Interner Revisoren

Neben Heuristiken können weitere Determinanten, wie individuelle Eigenschaften von Revisoren und Interessenkonflikte, die Objektivität von Revisoren beeinflussen.

3.2.1 Heuristiken

Entscheidungen werden nach Laux et. al. (2012) unter den Aspekten von Sicherheit, Risiko oder Unsicherheit getroffen.[160] Auf Grund der Unvollkommenheit der Daten können laut Gleißner (2011) nicht alle Wahrscheinlichkeiten eines Umweltzustandes zur Gänze bestimmt werden.[161] Für einen Entscheidungsträger gebe es eine unterschiedlich große Informationsbasis. Da eine vollständige Informationsgrundlage in der Praxis die Ausnahme darstelle, entscheide er somit unter Risiko oder sogar unter Unsicherheit. Eine Entscheidung komme dadurch zustande, dass eine Wahl zwischen zwei Handlungsmöglichkeiten vorgenommen werde. Während bei Entscheidungen unter Risiko der Entscheidungsträger die Eintrittswahrscheinlichkeit beurteilen könne, sei diese Einschätzung bei unsicheren Gegebenheiten nicht möglich.[162] Fraglich ist somit, ob eine Entscheidung grundsätzlich objektiv sein kann. Laux et. al. (2002) sehen Objektivität als gegeben an, sofern die Wahrscheinlichkeiten durch Dritte nachprüfbar sind.[163] Subjektive Wahrscheinlichkeiten seien nicht überprüfbar, in der Realität aber insbesondere in ökonomischen Entscheidungssituationen die Regel.[164] Durch eine zusätzliche Informationsbeschaffung, die Mehrkosten zur Folge habe, könnten objektive Wahrscheinlichkeiten erreicht werden.[165]

Häufig werden bei Entscheidungen unter unvollständiger Informationsbasis sogenannte Heuristiken, einfache Faustregeln, zur Vereinfachung komplexer Bewertungen herangezogen, um zu einem Urteil zu gelangen.[166] Tversky und Kahnemann (1972) zeigen in ihren psychologischen Studien auf, dass subjektive Wahrscheinlichkeiten im Vergleich zu objektiven eine intuitiv höhere Einschätzung erfahren.[167] Vielfach kommen Heuristiken und Biases zur Anwendung und beeinflussen die Urteilsfindung. Gigerenzer/Brighton (2009) definieren Bias als "the difference between human judgment and a ''rational'' norm, often taken as a law of logic or probability, such as statistical independence."[168]

---

[160] Vgl. Laux et al. (2012), S. 33.
[161] Vgl. Gleißner (2011), S. 211.
[162] Vgl. Laux et al. (2012), S. 33.
[163] Vgl. ebda., S. 90.
[164] Vgl. ebda., S. 90 f.
[165] Vgl. ebda., S. 92.
[166] "Heuristics are an approximate strategy or ''rule of thumb'' for problem solving and decision making that does not guarantee a correct solution but that typically yields a reasonable solution quickly or brings one closer to hand." Hertwig/Todd (2002), S. 449.
[167] Vgl. Kahneman/Tversky (1972), S. 430-454.
[168] Gigerenzer/Brighton (2009), S. 117.

Wie konkret eine Heuristik das Entscheidungsverhalten eines Internen Revisors beeinflusst, soll am Beispiel der Ankerheuristik kurz erläutert werden. Ein Anker kann als Ausgangspunkt im Entscheidungsprozess verstanden werden.[169] Bei Bewertungen im Rahmen der Risikoanalyse orientieren sich Revisionsleiter oft mittels Ankerheuristiken an früheren Prüfungsergebnissen. Dabei können sie einer gewissen Betriebsblindheit verfallen und gravierende Risiken deutlich unterschätzen.[170] Nach Gleißner/Romeike (2012) werden einmal getroffene Urteile in vielen Fällen nicht mehr korrigiert, auch für den Fall, dass neue Informationen vorliegen.[171]

Ausgehend von der Rahmenbedingung der unvollkommenen Information von Individuen in der Principal-Agent-Theorie wird die Risikoanalyse von dezentralen Revisionsleitern analysiert. In der Praxis sind unvollständige Informationen bei Entscheidungen die Regel, weshalb häufig auf Heuristiken zurückgegriffen wird. Bhattacharjee/Moreno (2002) stellen fest, dass externe Prüfer mit einem sehr hohem Erfahrungshorizont sowie einer großen kognitiven Kapazität im Rahmen ihrer Prüfungen weniger auf Heuristiken zurückgreifen. Erfahrene Prüfer ließen sich weniger von irrelevanten Informationen beeinflussen.[172] Im Vergleich dazu nähmen unerfahrenere Prüfer irrelevante und negative Informationen in ihre Entscheidungen mit auf,[173] was zu verzerrten Ergebnissen führen könne. Um genauere Rückschlüsse auf die Anwendung der angesprochenen Entscheidungshilfen ziehen zu können, ist eine nähere Betrachtung derselben notwendig.

Verfügbarkeitsheuristik

Erfahrene Revisoren verfügen über einen reichen Schatz an Wissen aus früheren Prüfungen. Man kann davon ausgehen, dass Ergebnisse vergangener Prüfungen oder risikorelevante Gegebenheiten in der Erinnerung verbleiben und bei Bewertungen abgerufen werden. Anhand eines hypothetischen Falls soll der Sachverhalt verdeutlicht werden. Wenn in den öffentlichen Medien über Korruption bei geprüften Einheiten berichtet worden ist, wird sich der Bewertungsverantwortliche bei der Bewertung an die Gegebenheit erinnern und entsprechend handeln. Nelson (2009) weist darauf hin, dass verschiedene Erinnerungen Prüferurteile beeinflussen und die kritische Geisteshaltung vermindern können.[174]

Repräsentativitätsheuristik

Die Repräsentativitätsheuristik stellt die Urteilsfindung eines Entscheiders dar, bei der dieser von repräsentativen Fällen auf Wahrscheinlichkeiten schließt. Ein fiktives Beispiel soll den Sachverhalt verdeutlichen: In einem Unternehmen kommen vereinzelt

---

[169] Vgl. Koch/Wüstemann (2008), S. 7.
[170] Vgl. Eller et al. (2012), S. 4.
[171] Vgl. Gleißner/Romeike (2012), S. 45.
[172] Vgl. Bhattacharjee/Moreno (2002), S. 362; Biggs et al. (1988). S. 153. ff.; Biggs/Mock (1983), S. 251 f.
[173] Vgl. Bhattacharjee/Moreno (2002), S. 371.
[174] Vgl. Nelson (2009), S. 13.

Betrugshandlungen vor, die als repräsentativ eingeschätzt und entsprechende Wahrscheinlichkeiten abgeleitet werden. Einen Einfluss der Repräsentativität von Informationen auf die Urteilsfindung untersuchten Joyce/Biddle (1981a) sowie Cohen/Kida (1989) kommen zu dem Ergebnis, dass Prüfer Informationsquellen nicht differenziert gewichten und verfügbare Daten einen geringen Einfluss auf sie haben. Das Verhalten eines Prüfers könne demnach nicht vollständig mittels Repräsentativitätsheuristiken erklärt werden.[175] Smith/Kida (1991) zeigen in ihrer Analyse auf, dass das Vorhandensein von Heuristiken in vielen Studien differenziert gesehen wird.[176] Sie sehen die Gefahr des Auftretens einer Repräsentativitätsheuristik bei Prüfern als geringer an als bei einer Vergleichsgruppe von Studenten.[177]

Anker- und Anpassungsheuristik

Entscheidungen im Prüfungswesen können auch ausgehend von einem gesetzten Punkt, einem so genannten Anker, getroffen werden. In der Praxis erinnert sich ein Bewertungsverantwortlicher an Prüfungsergebnisse aus der Vergangenheit oder greift direkt auf den Prüfungsbericht zurück. Ob dieser in der Vergangenheit entstandene Eindruck gegenwärtig noch zutrifft, ist von Fall zu Fall verschieden. Enthält ein Prüfungsbericht kritische Feststellungen, werden in der Regel Maßnahmen ergriffen, um die Gesamtsituation zu verbessern. Die früheren Mängel treffen deshalb gegenwärtig nicht mehr oder nicht mehr ganz zu. Wenn der Bewertungsverantwortliche aber diese Mängel ohne Anpassung berücksichtigt, kommt es zu einer verzerrten Risikoeinstufung. Von Presutti (1995) durchgeführte Laborexperimente ergaben, dass es einen schwachen Zusammenhang zwischen der Vorjahresbewertung und der aktuellen Bewertung gibt.[178]

Monroe/Ng (2000) und Brazel/Agolia (2007) verweisen auf die Praxis, dass die Risikobewertung des Vorjahres als Ausgangspunkt (Anker) für das Folgejahr angesehen wird. Dieser Anker werde trotz neuer Informationen oft unzureichend bei einer Neubewertung angepasst. Brazel/Agolia (2007) vertreten die Auffassung, dass die Verwendung von Vorjahresentscheidungen als Anker zuzunehmen scheint, wenn die Komplexität der Aufgabe zunimmt. Die Schwierigkeiten in der Risikobewertung und die Abhängigkeit von den Bewertungen des Vorjahres würden jedoch durch die Erfahrungen im Prüfungsinformationssystem vermindert.[179]

Joyce/Briddle (1981b) fanden in Experimenten heraus, dass die Entscheidungsabweichungen nicht immer auf Anker- und Anpassungsheuristiken zurückzuführen sind, sondern auch auf das Zusammenspiel von weiteren Heuristiken.[180] Abhängig vom Erfahrungshorizont eines Prüfers ist laut Anandarajan et al. (2008) die Anwendung einer Ankerheuristik unterschiedlich ausgeprägt. Im Vergleich zu Revisoren mit keiner

---

[175] Vgl. Joyce/Biddle (1981a), S. 347; Cohen/Kida (1989), S. 275. Trotman et al. (2011), S. 287.
[176] siehe hierzu auch Joyce/Biddle (1981b); Bamber (1983)
[177] Vgl. Smith/Kida (1991), S. 485.
[178] Vgl. Presutti (1995), S. 19.
[179] Vgl. Brazel/Agolia (2007), S. 1063.
[180] Vgl. Joyce/Biddle (1981b), S. 141.

Vorerfahrung seien erfahrene Revisoren eher gewillt aufgrund neuer Informationen eine Anpassung des Ankers vorzunehmen.[181]

3.2.2 Individuelle Determinanten

Arena/Azzone (2009) stellen in einer Studie, in der sie 153 italienische Unternehmen befragten, fest, dass die Effektivität der Internen Revision durch die Eigenschaften des internen Prüfungsteams, den Revisionsprozess, die Prüfungsaktivitäten und die Aufbauorganisation beeinflusst wird. Die Effektivität der Internen Revision steigt aus Sicht der Autoren besonders dann, wenn das Verhältnis der Anzahl der Internen Revisoren zu den Arbeitnehmern steigt, der Leiter der Internen Revision sich dem Institut für Interne Revisoren anschließt und der Prüfungsausschluss in die Prüfungsaktivitäten der Revisoren mit einbezogen wird.[182] Sarens (2009) führt hierzu aus, dass die Prüfungsqualität und somit die Effektivität von der Unabhängigkeit der Internen Revision und der Objektivität der Internen Revisoren bestimmt wird. Bei den Revisoren könne die Revisionskapazität durch Faktoren wie Bildungsstand, Berufspraxis, berufsständische Zertifizierungen, Trainings- und Weiterbildungsprogramme, persönliche Eigenschaften und technische Fähigkeiten beeinflusst werden.[183]

Die individuelle Objektivität ist jedoch nicht von vornherein gegeben, sondern wird unter anderem durch die Persönlichkeit, die Erfahrung und das Umfeld des Bewertungsverantwortlichen beeinflusst. Für Bhattacharjee/Moreno (2002) ist in diesem Zusammenhang unter anderem die individuelle Berufserfahrung[184], für Low (2004) die Spezialisierung von Prüfern[185] und für Jenkins (2008) das Vorsichtsprinzip[186] von Bedeutung.

Gul und Subramaniam (1994) haben in einem Experiment nachgewiesen, dass sich Interne Revisoren bei Prüfungskonflikten in einer sehr vertrauten Umgebung weniger objektiv verhalten. Durch das sehr vertraute Umfeld sei eine Zunahme von Interessenkonflikten zu vermuten.[187]

3.2.3 Interessenkonflikte

Interessenkonflikte können in unterschiedlichen Formen auftreten. In der Literatur des Prüfungswesens wird dem „Serving-Two-Masters"-Problem zunehmende Bedeutung beigemessen.[188] Es beschreibt nach Eulerich (2012) das Spannungsfeld zwischen

---

[181] Vgl. Anandarajan et al. (2008), S. 355.
[182] Vgl. Arena/Azzone (2009), S. 43.
[183] Vgl. Sarens (2009), S. 4.
[184] Vgl. Bhattacharjee/Moreno (2002), S. 361.
[185] Vgl. Low (2004), S. 201.
[186] Vgl. Jenkins (2008), S. 130.
[187] Vgl. Gul/Subramaniam (1994), S. 95; Zain et al. (2006), S. 9.
[188] Vgl. Abbott et al. (2010); Hoos et al. (2013); d'Arcy/Hoos (2012); Eulerich (2012); Hoos et al. (2014);

Revisoren und unterschiedlichen Berichtsadressaten, unter denen bei der Internen Revision die Leitungs- und Aufsichtsorgane in einem Unternehmen verstanden werden.[189] Dabei sei neben den Berichtswegen und der Auftragserteilung die disziplinarische und funktionale Zuordnung der Revisionsfunktion besonders wichtig.[190] Abbott et al. (2010) untersuchten im Rahmen einer Umfrage unter 134 Leitern Interner Revisionen, ob ein Zusammenhang zwischen der Aufsicht des Prüfungsausschusses über die interne Revisionsfunktion und der Art der internen Revisionsaktivitäten erkennbar sei. Als Ergebnis sehen die Autoren einen stark positiven Zusammenhang.[191] Hoos et al. (2015) haben experimentell nachgewiesen, dass zwei Berichtslinien an zwei Berichtsadressaten mit potentiell unterschiedlichen Interessen (CAE und Audit Committee) unbeabsichtigte Effekte auf die Urteile Interner Revisoren haben. Widersprechende Prioritäten würden Urteile von Internen Revisoren beeinflussen, obwohl sich Interne Revisoren solcher Konflikte bewusst seien.[192] Hoos et al. (2014) untersuchten in einem weiteren Experiment, ob sich die Berichterstattung an das Management oder den Aufsichtsrat ändert, wenn die Interne Revision als Umfeld für Management-Training genutzt wird. Sie kommen zu dem Ergebnis, dass in diesem Fall Interne Revisoren ihre Risikobewertung mehr nach dem Management als nach dem Prüfungsausschuss ausrichten. Als Gesamtfazit stellen sie fest, dass die Objektivität Interner Revisoren bei ihren Risikobewertungen und Empfehlungen negativ beeinflusst werden kann, wenn die Adressaten unterschiedliche Interessen aufweisen und die Interne Revision als Feld für Management-Training benutzt wird.[193] Eine Beeinflussung ist jedoch nicht nur auf die beschriebene Fallkonstellation zu begrenzen, sondern sie kann generell dann auftreten, wenn ein Auftragnehmer mehreren Auftraggebern gegenübersteht. Eine in regelmäßigen Abständen durchgeführte Rotation könnte diesen Kreislauf durch eine neue Sichtweise unterbrechen und durch eine Verminderung von Heuristiken zu einer objektiveren Entscheidung Interner Revisoren beitragen.

3.3 Rotation in der Internen Revision

Ausgehend von der Effektivität der Rotation im externen Prüfungswesen wird auf die Empfehlungen des nationalen und internationalen Berufsstandards sowie den gesetzlichen Regelungen Bezug genommen. Dabei liegt der Schwerpunkt auf der Risikoanalyse im Rahmen der Jahresprüfungsplanung.

3.3.1 Effektivität der Rotation im Prüfungswesen

Moore et al. (2006) haben experimentell nachgewiesen, dass die Unabhängigkeit eines Abschlussprüfers unter anderem vom Anreiz in der Kundenbeziehung beeinflusst

---

[189] Vgl. DIIR (2014)
[190] Vgl. Eulerich (2012), S. 292.
[191] Vgl. Abbott et al. (2010), S. 1.
[192] Vgl. Hoos et al. (2015), S. 177 ff.
[193] Vgl. Hoos et al. (2014), S. 19 ff.

werde. So haben amerikanische Wirtschaftsprüfungsgesellschaften Anreize für ihre Prüfer geschaffen, um negative Feststellungen zu vermeiden, die ihre Kundenbeziehung gefährden.[194] Kaplan/ Mauldin (2008) verweisen auf das Fehlen von statistisch signifikanten Beweisen, dass Rotation von Prüfern eine Auswirkung auf die Unabhängigkeit habe.[195] Daniels/Booker (2011) kommen in ihrer Untersuchung, die auf 212 brauchbaren Antworten beruht, zu dem Ergebnis, dass in einem Unternehmen bei einer Rotationsrichtlinie eine Steigerung der Unabhängigkeit wahrgenommen werde, aber die Länge der Prüfungsdauer bei Rotation nicht entscheidend die Unabhängigkeit ändere. Weder eine Rotationsvorgabe noch die Länge der Prüfungsdauer bei Rotation beeinflusse signifikant die Prüfungsqualität.[196]

Velte/Stiglbauer (2012) stellen fest, dass eine Verbesserung der Unabhängigkeit von externen Prüfern nicht notwendigerweise durch die Einführung einer Rotation erreicht werden könne.[197] Geisler/Low (2007) unterscheiden in ihrer Beurteilung zwischen der Rotation der Gesellschaft, des Prüferteams und der Partner. Bei einer internen Rotation des Partners kommen sie zu dem Ergebnis, dass eine Rotation zu einer Steigerung der Prüfungseffektivität führen könne.[198] Ebenso sieht Zilch (2010) in der Pflichtrotation eine Möglichkeit, die Unabhängigkeit bei Prüfern zu steigern.[199] Die Frage, ob Rotation ein effektives Instrument zur Steigerung der individuellen Objektivität darstellt, ist in der einschlägigen Literatur umstritten.

3.3.2 Empfehlungen und gesetzliche Regelungen zur Rotation

Nach den Ausführungen von Hahn (2007) zu den Berufsgrundlagen der Internen Revision hat die Revisionsleitung die Aufgabe, die Objektivität von Revisoren regelmäßig zu überprüfen und diese unter anderem durch ein Rotationsprogramm abzusichern.[200]

Empfehlungen des Institute of Internal Auditors (IIA)

Die Rotation in der Internen Revision ist gesetzlich nicht geregelt. Als berufsständische Ausgangsbasis für die interne Rotation kann aber der Standard 1100 des *Institute of Internal Auditors (IIA)* herangezogen werden. Demnach hat der Leiter der Konzernrevision die organisatorische Unabhängigkeit und individuelle Objektivität sicherzustellen. Die individuelle Objektivität ist nach dem praktischen Ratschlag Nr. 1120-1 Tz.1 dann vorhanden, wenn die Revisoren von den Ergebnissen ihrer Arbeit überzeugt und keine wesentlichen Kompromisse in Bezug auf die Qualität eingegangen sind. Laut dem praktischen Ratschlag Nr. 1120-1 Tz.2 ist eine Aufgabenverteilung

---

[194] Vgl. Moore et al. (2006), S. 1; Koch (2004), S. 31.
[195] Vgl. Kaplan/ Mauldin (2008). S. 177.
[196] Vgl. Daniels/ Booker (2011), S. 78.
[197] Vgl. Velte/Stiglbauer (2012), S. 6.
[198] Vgl. Geisler/Low (2007), S. 1.
[199] Vgl. Zilch (2010), S. 87 ff.
[200] Vgl. Hahn (2007), S. 85.

möglichst so vorzunehmen, dass Interessenkonflikte und Voreingenommenheit vermieden werden.[201]

Empfehlungen der International Standards of Auditing (ISA)

Die individuelle Objektivität von Abschlussprüfern wird durch die innere Unabhängigkeit beschrieben. Objektivität sei dann gegeben, wenn die Prüfung ohne Voreingenommenheit stattfindet.[202] Nach den *International Standards of Auditing* (ISA) bedarf es hierzu einer professionellen Skepsis bei der Prüfungsplanung und –durchführung.[203] Das Prüfungsergebnis hat nach dem *Code of ethics for professional accounts* frei von Vorurteilen, Interessenkonflikten oder anderen Einflüssen zu sein.[204]

Gesetzliche Regelungen

Um die Objektivität und Unabhängigkeit der Abschlussprüfer zu stärken, wurde am 16. April 2014 vom Europäischen Parlament eine Änderung der EU-Richtlinie über Abschlussprüfungen von Jahresabschlüssen und konsolidierten Abschlüssen verabschiedet. Diese trat am 27. Mai 2014 mit der Veröffentlichung im Amtsblatt der Europäischen Union in Kraft.[205] In Deutschland sind die neuen Regelungen erstmals im Jahr 2016 anzuwenden. Unter anderem ist eine Pflichtrotation bei Unternehmen im öffentlichen Interesse vorgesehen, Abschlussprüfer oder Prüfungsgesellschaften müssen bei kapitalmarktorientierten Unternehmen sowie bei Banken und Versicherungen gemäß Art. 17 L 158/98 nach maximal 10 Jahren wechseln. Den einzelnen Mitgliedstaaten bleibt es überlassen, eine Verkürzung der Rotationsperiode zu wählen.[206] Vor dem Hintergrund der Finanzkrise werden mit den Änderungen eine höhere Qualität, eine stärkere Unabhängigkeit und eine größere Transparenz im externen Prüfungswesen erwartet.

3.3.3 Principal-Agent-Theorie und Rotation dezentraler Revisionsleiter

Abhängig von der fachlichen und disziplinarischen Zuordnung des Revisionsleiters kann sich bei Rotation eine Principal-Agent-Beziehung oder Multi-Principal-Agent-Beziehung ergeben. Dabei können verschiedene Gefahren der Informationsasymmetrie und Interessenkonflikte entstehen.

Die Rotation eines Revisionsleiters hat einen Leitungswechsel an einem dezentralen Revisionsstandort zur Folge. Nach Dörfler et al. (2012) berichtet der Revisionsleiter sowohl an die dezentrale Geschäftsleitung als auch an den Leiter der Konzern-

---

[201] Vgl. DIIR et al. (2015), S. 70.
[202] Vgl. Müller/Böcking (2006), S. 49 ff.
[203] Vgl. ISA 200 Tz. 15.
[204] Vgl. IFAC (2006), S. 1111.
[205] Vgl. http://www.wpk.de/neu-auf-wpkde/eu-reform-der-abschlusspruefung/; aufgerufen am 19.09.2014
[206] Vgl. Richtlinie 2014/56/EU (2014)

revision.[207] Bei einer Rotation sind verschiedene Berichtslinien möglich, ein „Serving-Two-Masters-Problem" könnte auftreten. In der wissenschaftlichen Literatur lassen sich keine Untersuchungen zur beschriebenen Konstellation des „Serving-Two-Masters"-Problems finden. Rückschlüsse aus ähnlichen Konstellationen sind denkbar.

Norman et al. (2010), Rose et al. (2013) und Hoos et al. (2014) haben experimentell die Berichtslinie an den Prüfungsausschuss und an die Geschäftsleitung untersucht. Erstere kommen zu dem Ergebnis, dass die persönlichen Ängste des Revisors bei einem Bericht an den Prüfungsausschuss höher sind als bei einem an das Management.[208] Ebenso lassen die Forschungsresultate von Rose et al. (2013) darauf schließen, dass Interne Revisoren weniger objektiv sind, sofern sie erwarten können, in eine Senior Management-Position zu wechseln. Darüber hinaus kommen sie zum Schluss, dass die Stärke eines Prüfungsausschuss unentdeckte Auswirkungen auf das Verhalten von Revisoren habe.[209] Hoos et al. (2014) stellten fest, dass Interne Revisoren ihre Risikoanalyse mehr nach dem Management als nach dem Prüfungsausschuss ausrichten, wenn die Interne Revision als Feld für Managementtraining genutzt wird. Die Objektivität Interner Revisoren werde davon beeinflusst, an welchen Adressaten sie berichten.[210] Laut Eulerich (2012) können inhaltliche und persönliche Komponenten die Objektivität beeinträchtigen.[211]

Einordnung der Risikoanalyse in die Informationsasymmetrie

Nach Buchner (1997) ist die Prüfungs- oder Revisionsplanung durch die Phasen der Planung des Revisionsprogramms, des Personaleinsatzes und der Revisionszeit charakterisiert.[212] Ziel ist der wirtschaftlich effiziente und risikoorientierte Einsatz von Internen Revisoren.[213] Um risikoorientiert planen zu können, bedarf es einer Risikoanalyse, die als Vorstufe für die Jahresprüfungsplanung angesehen werden kann. Diese erfolgt nach Dörfler et al. (2012) mithilfe von aggregierten Gesamtrisikoscores. Um die Risikoanalyse an einem dezentralen Revisionsstandort und die damit zusammenhängenden Bewertungen von Gesamtrisikoscores einordnen zu können, ist eine zeitliche Analyse notwendig. Wenn ein Revisionsleiter rotiert, wird die Verantwortung der Risikoanalyse an ihn übergeben. Durch den unterschiedlichen Informationsstand zwischen dem Leiter der Konzernrevision und dem dezentralen Revisionsleiter kann sich eine Informationsasymmetrie einstellen. Exogene Einflüsse sind für den Leiter der Konzernrevision nicht beobachtbar. Dies dürfte auch für die Bewertung von Gesamtrisikoscores zutreffen, die als Urteil zu werten sind. Der Sachverhalt kann im Sinne der Principal-Agent-Theorie entsprechend seiner Entstehung „nach Vertragsabschluss" und „nach einer Entscheidung" eingeordnet werden, eine Fallkonstellation von *hidden*

---

[207] Vgl. Dörfler et al. (2012), S. 679.
[208] Vgl. Norman et al. (2010), S. 546.
[209] Vgl. Rose et al. (2013), S. 1.
[210] Vgl. Hoos et al. (2014), S. 19 ff.
[211] Vgl. Eulerich (2012), S. 292. ff.
[212] Vgl. Buchner (1997), S. 219.
[213] Vgl. Freidank/Pasternack (2011), S. 53.

action wäre denkbar. Die Informationsasymmetrie zwischen dem Leiter der Konzern-revision und dem Revisionsleiter wird noch verstärkt, je mehr Entscheidungen dezentral delegiert werden.[214]

Tabelle 2: Hidden action und Revisionsanalyse[215]

Vergleichs-kriterium	hidden characteristics	hidden information	hidden action	hidden intention
Entstehungs-zeitpunkt	vor Vertragsabschluss	nach Vertragsabschluss vor Entscheidung	nach Vertragsab-schluss nach Entscheidung	nach Vertragsab-schluss
Entstehungs-ursache	ex-ante verborgene Eigenschaften	nicht beobachtbarer Informationsstand des Agenten	nicht beobachtbare Aktivitäten des Agenten	nicht beobachtbare Ziele
Problem	Eingehen einer Vertragsbeziehung	Ergebnisbeurteilung	Verhaltens-/Leistungs-beurteilung	irreversibles Eingehen eines Vertragsver-hältnisses
resultierende Gefahr	adverse selection	moral hazard	moral hazard, shirking	hold up
Lösungen	signalling screening self selection	Anreizsysteme, Kontrollsysteme, self selection	Anreizsysteme, Kontrollsysteme	Kontrollsysteme

Rotation als Personalführungsinstrument

Eine effiziente interne Revisionsfunktion ist durch eine fachliche, zeitliche und personelle Planung gekennzeichnet.[216] So wird zum Beispiel die Planung unter Be-rücksichtigung der Prüferkompetenz durchgeführt.[217] Diese Rahmenbedingung dürfte auch auf die Rotation in der Internen Revision übertragbar sein. Wegen der Dezentra-lisierung und der damit verbundenen Verstärkung der Informationsasymmetrie[218] zwi-schen dem Leiter der Konzernrevision und dem Revisionsleiter könnte der Kompetenz des Internen Revisors noch eine größere Bedeutung zukommen. Durch den gezielten Einsatz der Rotation als Personalführungsinstrument kann der Einfluss von Informa-tionsasymmetrie und Interessenkonflikten vermindert werden. Ghorbel/ Omri (2013) untersuchten anhand der Auswertung von Paneldaten der Jahre 2000 bis 2006 die Verringerung der Informationsasymmetrie bei einem Prüferwechsel. Ausgangspunkt ihrer Überlegungen sind zwei Gesichtspunkte. Nach den Ausführungen von De Angelo (1981) und Watts/Zimmerman (1989) sind Prüfer umso effektiver, je besser die Informationen der Geschäftsleitung sind.[219] Des Weiteren vermindere eine längere Prüfungsdauer die Prüfungsqualität, indem sie die Ergebnisqualität reduziert und die Informationsasymmetrie erhöht. Die Autoren kommen zu dem Schluss, dass ein Zu-sammenhang zwischen dem Wechsel eines Prüfers und einer positiven Marktreaktion

---

[214] Vgl. Küpper (2013), S. 99.
[215] Vgl. in Anlehnung an Küpper (2013), S. 102.
[216] Vgl. Buchner (1997), S. 219.
[217] Vgl. Peemöller/Kregel (2010), S. 48 ff.
[218] Vgl. Küpper (2013), S. 99.
[219] Vgl. De Angelo (1981), S. 186; Watts/Zimmerman (1989), Ghorbel/ Omri (2013), S. 129.

gegeben sein könnte. Die Ergebnisse stützen ihre Hypothese, dass ein Prüferwechsel zu einer Verringerung der Informationsasymmetrie führt.[220]

Nelson (2009) führt zu *professional skepticism* und Rotation aus, dass eine Prüfer-rotation Anreizprobleme reduziert, die dann auftreten können, wenn der Prüfer über einen längeren Zeitraum mit einem Mandanten zusammenarbeitet.[221] Analog stellt Jenkins (2008) einen Zusammenhang zwischen dem Vorsichtsprinzip und der Prüfungsdauer fest. Demnach verringert sich ersteres bei längerer Prüfungsdauer. Gul/Subramaniam (1994) zeigen auf, dass sich Interne Revisoren bei Prüfungskonflik-ten in einem vertrauten Umfeld bei längerer Prüfungsdauer weniger objektiv verhalten. Allerdings sei bei einer stärkeren Prüferrotation eine Abnahme des kundenspezifischen Wissens beobachtbar.[222]

Variable Entgeltbestandteile als Anreizmodell

Nach DeZoort et al. (2001) und d´Arcy/Hoos (2012) sehen Abschlussprüfer eine Beeinträchtigung der Objektivität von Internen Revisoren durch Entgeltbestandteile, die abhängig vom Erfolg des Unternehmens sind.[223] Dikolli et al. (2004) weisen experimentell einen Einfluss von variablen Entgeltbestandteilen auf die Jahres-prüfungsplanung nach.[224] Verglichen mit einem Fixgehalt sei bei einer Bonuszahlung wegen finanzieller Leistungsindikatoren ein Einfluss vorhanden. Allerdings sehen die Autoren weiteren Forschungsbedarf im Bereich des geringen Einflusses von nicht leistungsbezogenen Bonuszahlungen.[225] Laut Dörfler et al. (2012) erfolgt die Zahlungsanweisung des variablen Entgeltbestandteils generell über den Leiter der Konzernrevision in Abstimmung mit der dezentralen Geschäftsleitung sowie mit dem Personalwesen der Gesellschaft.[226]

Kontrollsystem

Kontrolle garantiert, dass die Tätigkeiten und Aufgaben des Leiters der Konzern-revision von anderen erledigt werden: *"Control means assuring that the principal's actions and work get done among and by some people."*[227] Durch das Instrument der Rotation könnte der Leiter der Konzernrevision die Höhe der Gefahr möglicher Infor-mationsasymmetrie kontrollieren und somit die Informationsasymmetrie vermindern. Alparslan (2006) aber sieht die Effektivität von Kontrollen zur Vermeidung der Gefahr von „moral hazard" als gering an.[228]

---

[220] Vgl. Ghorbel/Omri (2013), S. 136.
[221] Vgl. Nelson (2009), S. 21.
[222] Vgl. ebda., S. 22.
[223] Vgl. DeZoort (2001), S. 264; d´Arcy/Hoos (2012), S. 127.
[224] Vgl. Dikolli et al. (2004), S. 45.
[225] Vgl. ebda., S. 58.
[226] Vgl. Dörfler et al. (2012), S. 679.
[227] Vgl. White (1985), S. 189.
[228] Vgl. Alparslan (2006), S. 33.

4 Hypothesenbildung

Bei der Erörterung der theoretischen Grundlagen wurde auf die Rotation dezentraler Revisionsleiter eingegangen. Darauf aufbauend wird ein Modell vorgestellt, dass die Steigerung der Objektivität dezentraler Revisionsleiter durch Rotation klären soll. Dabei werden sowohl deskriptiv entscheidungstheoretische als auch auf die Principal-Agent-Theorie bezogene Aspekte berücksichtigt und Überlegungen zur Vorstudie sowie die Hypothesen der Hauptstudie abgeleitet.

4.1 Überlegungen zur Vorstudie

Die Interne Revision als Teil des internen Überwachungssystems[229] wird zunehmend als Schlüsselfunktion in der Corporate Governance gesehen.[230] Beeinträchtigungen der individuellen Objektivität von Revisoren können die Prüfungsqualität beeinflussen, da eine unbeeinflusste und unvoreingenommene Geisteshaltung nicht gegeben ist.[231] Welchen Stellenwert die individuelle Objektivität in der Praxis einnimmt, geht aus den Berufsstandards hervor. So sind mögliche Einflüsse auf die individuelle Objektivität durch den Leiter der Internen Revision jährlich abzufragen und gegebenenfalls geeignete organisatorische Vorkehrungen zu treffen. Darüber hinaus sind Beeinträchtigungen der individuellen Objektivität eines Revisors unverzüglich der Unternehmensleitung mitzuteilen.[232] Schließlich hat der Leiter der Internen Revision nach den nationalen und internationalen Berufsstandards ein Rotationsprogramm – sofern möglich – vorzuhalten, um die Objektivität abzusichern.[233]

Ob Rotation von Revisionsleitern eine Steigerung der individuellen Objektivität im Rahmen der Risikoanalyse bewirken kann, ist im internen Prüfungswesen noch unerforscht, im externen Prüfungswesen ist die Antwort auf die Frage dagegen umstritten. Während Kaplan/Mauldin (2008) sowie Velte/Stiglbauer (2012) keinen Effekt in ihren Untersuchungen feststellen, sieht Zilch (2010) sowie Daniel/Bookers (2011) eine Möglichkeit, durch eine Pflichtrotation die Unabhängigkeit bei Prüfern zu steigern. Ebenso sehen Geisler und Low (2007) bei einer internen Rotation des Partners eine Steigerung der Prüfungseffektivität.[234]

Rotation wird oft mit der Prüfungsqualität in Verbindung gebracht. Daugherty et al. (2012) erwähnen direkte und indirekte Folgen der Rotation auf die Prüferqualität von Partnern. Sie kommen zu dem Ergebnis, dass eine Partner-Rotation ein unabhängiges

---

[229] Vgl. Bubendorfer/Krumm (2007), S. 54.
[230] Vgl. Stewart/Subramaniam (2010), S. 328; Cohen/Sayag (2010), S. 296.
[231] Vgl. Hahn (2007), S. 85.
[232] Vgl. Hahn (2007), S. 86 ff.
[233] Vgl. DIIR et al. (2015), S. 70.
[234] Vgl. Geisler/Low (2007), S. 1.

Ergebnis verbessere und somit die Prüfungsqualität positiv beeinflusse.[235] Laut Lennox et al. (2014) kann eine Rotation eine höhere Prüfungsqualität im betreffenden Jahr bewirken, da es zu einer signifikant höheren Anzahl von Prüfungsanpassungen komme. Sie begründen diese Anpassungen damit, dass der verantwortliche Partner vor einer Rotation eher geneigt ist eine Anpassung vorzunehmen, ebenso wie ein neuer Partner.[236] Grundsätzlich sind laut Quick (2012) frühere Studien mit Vorsicht zu betrachten, da die Prüfungsqualität nicht direkt mit einem Proxy gemessen werden kann. Darüber hinaus bezögen sich ihre Ergebnisse auf Nordamerika und Australien und können somit nicht unmittelbar auf die Region Europa übertragen werden.[237]

Wie bereits erörtert, kann Rotation nicht nur positiv gesehen werden. Daugherty et al. (2012) verweisen darauf, dass das kundenspezifische Wissen durch Rotation abnehme und zu einer negativen Qualität führe.[238] Aus der Sicht von Quick (2012) ist der Einfluss der Rotation auf die Prüferkompetenz und die Unabhängigkeit des Prüfers unklar.[239] Rotation führe zu einem Verlust an kundenspezifischen Nutzen und zu einer geringeren Wahrscheinlichkeit, materielle Fehler aufzudecken. Andererseits nehme die wirtschaftliche Bindung zwischen Prüfer und Mandanten ab und somit werde die Unabhängigkeit des Prüfers gestärkt.[240]

Als wichtiger Grund gegen eine Rotation wird der Anstieg der Kosten angeführt. Während nach Firth et al. (2012) hoch qualifizierte Prüfer Agency-Kosten durch eine kompetente und unabhängige Prüfung vermindern,[241] können sich die Kosten durch Rotation in der Initialphase erhöhen. Über die Höhe der Kosten sind keine Untersuchungen bekannt. Im externen Prüfungswesen erhöhen sich einer amerikanischen Studie aus dem Jahr 2003 zufolge die Agency-Kosten durch Rotation um 17 Prozent.[242]

Die Effektivität der Internen Revision steigt insbesondere dann, wenn die Anzahl der Internen Revisoren im Verhältnis zur Zahl der Arbeitnehmer zunimmt, der Leiter der Internen Revision sich dem Institut für Interne Revisoren anschließt und der Prüfungsausschuss in die Prüfungsaktivitäten der Revisoren mit einbezogen wird.[243] Somit dürfte die Umsetzung des Rotationsprogramms in Abhängigkeit zur Größe einer Internen Revision stehen.[244] Je höher die Mitarbeiteranzahl in einem Unternehmen ist, desto größer sind dessen Revisionsabteilung und die Wahrscheinlichkeit der Durchführung einer Rotation. Bei kleinen Unternehmen mit einer kleinen Revisionsabteilung dürfte die Anwendung der Rotation eine untergeordnete Rolle spielen.

---

[235] Vgl. Daugherty et al. (2012), S. 111.
[236] Vgl. Lennox et al. (2014), S. 1801.
[237] Vgl. Quick (2012), S. 30 ff.
[238] Vgl. Daugherty et al. (2012), S. 111.
[239] Vgl. Quick (2012), S. 17.
[240] Vgl. ebda., S. 30.
[241] Vgl. Firth et al. (2012), S. 359.
[242] Vgl. GAO (2003), S. 6.
[243] Vgl. Arena/Azzone (2009), S. 43.
[244] Vgl. Heerlein (2009), S. 162.

Die Frage nach dem Grund für die Einführung der Rotation ergibt sich aus den nationalen und internationalen Berufsgrundsätzen. Wenn jedem Experten die Berufsgrundsätze bekannt sind, dürfte sich daraus ein klares Bekenntnis zur Rotation als Mittel zur Steigerung der Objektivität ergeben, vor allem in größeren Revisionsabteilungen.

Im Mittelpunkt der Überlegungen stehen die Fragen, ob, warum und wie Rotation in einem Unternehmen zur Steigerung der Objektivität genutzt wird. Es dürfen aber die Gründe, die aus Sicht der Experten gegen eine Rotation sprechen, nicht unberücksichtigt bleiben. Kleine Revisionsabteilungen dürften im Vergleich zu großen Revisionsabteilungen die Bedeutung der Rotation zur Steigerung der Objektivität geringer einschätzen. Dieser Einschätzung tragen auch die nationalen und internationalen Berufsstandards Rechnung, die empfehlen, dass der Leiter der Internen Revision ein Rotationsprogramm „soweit möglich" zu implementieren habe.

4.2 Hypothesen der Hauptstudie

Durch die interne Rotation eines Revisionsleiters können abhängig von der fachlichen und disziplinarischen Zuordnung zwei Szenarien entstehen. Ist der Revisionsleiter bei der Rotation ausschließlich dem Leiter der Konzernrevision zugeordnet, ist eine Principal-Agent-Beziehung gegeben.[245] Mit der Rotation könnte allerdings der Revisionsleiter fachlich dem Leiter der Konzernrevision, disziplinarisch der dezentralen Geschäftsleitung zugeordnet sein, was eine Multi-Principal-Agent-Beziehung zur Folge hat. Vor dem Hintergrund beider Fälle werden die Determinanten Informationsasymmetrie, Interessenkonflikte und Heuristiken im Kontext der Risikoanalyse von Revisionsleitern betrachtet.

4.2.1 Informationsasymmetrie in der Internen Revision

Aus der Principal-Agent-Beziehung und der Multi-Principal-Agent-Beziehung kann sich eine Informationsasymmetrie ergeben. Während in einer Principal-Agent-Beziehung eine Informationsasymmetrie zwischen dem Leiter der Konzernrevision und dem Revisionsleiter bestehen kann, gibt es bei einer Multi-Principal-Agent-Beziehung die Möglichkeit einer zweiten Informationsasymmetrie zwischen dem Revisionsleiter und der dezentralen Geschäftsleitung. Die daraus resultierenden möglichen Gefahren sind meist Fälle von *hidden action*,[246] die dadurch bedingt sein können, dass der Leiter der Konzernrevision oder der dezentrale Geschäftsleiter wegen unbeobachtbarer Einflussgrößen vom Arbeitsergebnis des Revisionsleiters nicht vollständig auf die konkrete Leistung schließen kann. Somit besteht für den Revisionsleiter ein Spielraum für opportunistisches Verhalten. Diese Konstellation dürfte auch auf die Risikoanalyse zutreffen.

---

[245] Vgl. Arrow (1985), S. 37; Alparslan (2006), S. 12.
[246] Vgl. Breid (1995), S. 824; Arrow (1984), S. 3; Wenger/Terberger (1988), S. 507.

Eine Möglichkeit, der Gefahr der Informationsasymmetrie entgegenzuwirken, ist die Gewährung von erfolgsabhängigen Vergütungsbestandteilen, die jedoch die Objektivität beeinflussen können. So sieht Schneider (2003) in seiner Studie eine Beeinträchtigung der Objektivität von Internen Revisoren durch ein leistungsorientiertes Entlohnungssystem sowie Aktienoptionen als gegeben an.[247] Anreizkompatible Faktoren haben laut Schneider (2010) auch Einfluss auf die Revisionsplanung von Internen Revisoren, wenn sich die Faktoren auf den Unternehmensgewinn und somit auf mögliche Bonuszahlungen an Interne Revisoren negativ auswirken.[248] Nach DeZoort (2001) und d'Arcy/Hoos (2012) können unternehmenserfolgsabhängige Entgeltbestandteile aus Sicht des Abschlussprüfers die Objektivität von Internen Revisoren beeinflussen.[249] Dikolli et al. (2004) weisen experimentell einen Einfluss von variablen Entgeltbestandteilen auf die Jahresprüfungsplanung wegen der damit verbundenen finanziellen Leistungsindikatoren nach.[250] Allerdings sehen die Autoren weiteren Forschungsbedarf im Bereich des geringen Einflusses von nicht leistungsbasierten Bonuszahlungen.[251] Ghorbel/Omri (2013) weisen aufgrund einer Paneldatenauswertung der Jahre 2000 bis 2006 darauf hin, dass es einen Zusammenhang zwischen einer positiven Marktreaktion und der Rotation eines Prüfers gibt.[252] Ein Wechsel des Prüfers würde zudem zu einer Verminderung von Informationsasymmetrien führen.[253]

4.2.2 Interessenkonflikte bei dezentralen Revisionsstandorten

Bei der Multi-Principal-Agent-Beziehung gibt es im Vergleich zur Principal-Agent-Beziehung neben einer zweiten Informationsasymmetrie noch eine weitere Konfliktsituation. Ist bei einer Rotation der Revisionsleiter fachlich dem Leiter der Konzernrevision, disziplinarisch der dezentralen Geschäftsleitung unterstellt, könnte sich daraus ein Spannungsfeld ergeben, das unter dem Begriff „Serving-Two-Masters-Problem" bekannt ist.[254] Der Revisionsleiter befindet sich bei der Risikoanalyse in einem Spannungsfeld zwischen der dezentralen Geschäftsleitung und dem Leiter der Konzernrevision. Jeder der Akteure hat eine individuelle Interessenlage. Wenn die Geschäftsleitung eine höhere Risikosituation im Unternehmen wahrnimmt als der Revisionsleiter, würde sich für ihn daraus ein Dilemma ergeben. Da der Revisionsleiter über eine begrenzte personelle und zeitliche Kapazität verfügt, kann er ein höheres Budget nur bedingt beeinflussen. Dieser Umstand kann zu einem Spannungsfeld und somit zu Interessenkonflikten zwischen Revisionsleiter und Geschäftsleitung führen. Interessenkonflikte können sich durch eine längere Prüfungsdauer des Prüfers und das zunehmend vertraute Umfeld noch verstärken. Gul/Subramaniam (1994) zeigen auf, dass sich Prüfer bei Prüfungskonflikten in einem vertrauten Umfeld

---

[247] Vgl. Schneider (2003), S. 494.
[248] Vgl. Schneider (2010), S. 101.
[249] Vgl. DeZoort (2001), S. 264; d'Arcy/Hoos (2012), S. 127.
[250] Vgl. Dikolli et al. (2004), S. 45 ff.
[251] Vgl. ebda., S. 58.
[252] Vgl. Ghorbel/Omri (2013), S. 129 ff.
[253] Vgl. de Angelo (1981) S. 186, Ghorbel/Omri (2013), S. 129.
[254] Vgl. Eulerich (2012), S. 292.

weniger objektiv verhalten.[255] Eine Rotation könnte diese Gefahr vermindern, da die Vertrautheit des Prüfers begrenzt wird.

4.2.3 Entscheidungen mittels Heuristiken im internen Prüfungswesen

Entscheidungen werden in der Realität häufig mittels Heuristiken getroffen, um komplexe Sachverhalte zu vereinfachen. Im internen Prüfungswesen können verschiedene Heuristiken zum Einsatz kommen. In der Literatur wird im Rahmen der Risikoanalyse die Anwendung von Verfügbarkeits-, Repräsentativitäts- sowie Anker- und Anpassungsheuristiken differenziert gesehen. Verschiedene Studien zeigen auf, dass Anker- und Anpassungsheuristiken im Rahmen der Risikoanalyse von Internen Revisoren verstärkt auftreten können. Je nach Erfahrungshorizont der Prüfer sind sie laut Anandarajan et al. (2008) zudem unterschiedlich ausgeprägt.[256] Brazel/Agolia (2007) sind der Auffassung, dass die Verwendung von Vorjahresentscheidungen als Anker dann zuzunehmen scheint, wenn die Komplexität der Aufgabe zunimmt.[257] Eine hohe Komplexität dürfte auch bei der Bewertung von Prüfungsfeldern gegeben sein. Dennoch können nicht alle Entscheidungsabweichungen der Prüfer ausschließlich auf eine Anker- und Anpassungsheuristik zurückgeführt werden,[258] sondern es ist ein unterschiedlich starkes Zusammenspiel von verschiedenen Heuristiken zu vermuten. Dopuch et al. (2001) haben in Experimenten aufgezeigt, dass Rotation die Unabhängigkeit von Prüfern steigert, weil ihre Bereitschaft zu verzerrten Prüfungsberichten reduziert wird.[259] Die Unabhängigkeit von Prüfern wird im externen Prüfungswesen als Zeichen von Objektivität angesehen und könnte auch auf die Interne Revision übertragbar sein.

4.2.4 Theoretischer Rahmen

Die Rotation von dezentralen Revisionsleitern verfolgt das Ziel der Objektivitätssteigerung. Durch den Einsatz des organisatorischen Instruments der Rotation können mögliche Heuristiken minimiert sowie die Informationsasymmetrie und mögliche Interessenkonflikte verringert werden. Es ist anzunehmen, dass sich bei Rotation durch den Einfluss dieser Parameter eine höhere Veränderung der Gesamtrisikoscores ergibt. Steigende Veränderungen werden in diesem Zusammenhang als Nachweis für die Steigerung der individuellen Objektivität von Revisionsleitern angesehen. Allerdings bringt Rotation auch negative Aspekte mit sich. Kundenspezifisches Wissen kann verloren gehen und dadurch die Prüfungsqualität negativ beeinflusst werden.[260] Darüber hinaus können sich durch Rotation die Agency Kosten erhöhen, eine Studie

---

[255] Vgl. Gul/Subramaniam (1994), S. 94.
[256] Vgl. Smith/Kida (1991), Monroe/Ng (2000), Brazel/Agolia (2007), Anandarajan et al. (2008)
[257] Vgl. Joyce/Biddle (1995), S. 19; Brazel (2007), S. 1063; Monroe/Ng (2000), S. 155.
[258] Vgl. Presutti (1995), S. 19.
[259] Vgl. Dopuch et al. (2001), S. 93.
[260] Vgl. Daugherty et al. (2012), S. 111.

des United States General Accounting Office aus dem Jahre 2003 beziffert sie auf 17 Prozent.[261]

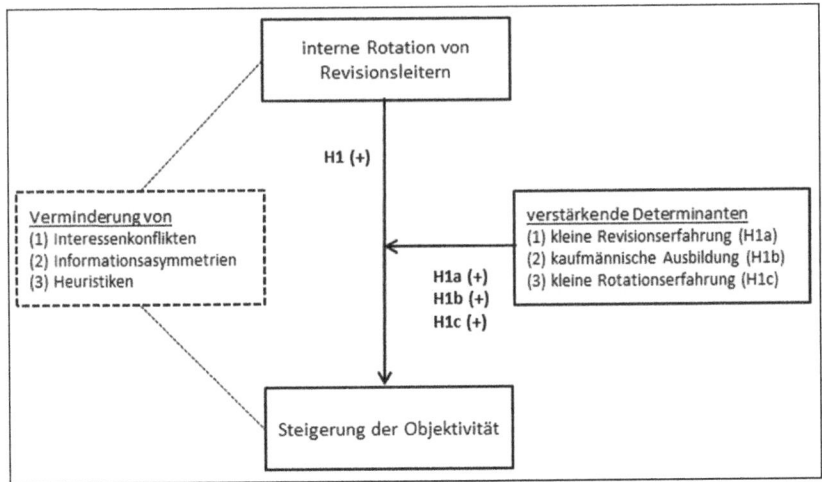

Abbildung 11: Theoretischer Rahmen

Quelle: eigene Darstellung

4.2.5 Hypothesen der Hauptstudie

In der Hauptstudie wird untersucht, ob und in welchem Ausmaß eine Steigerung der Objektivität durch die interne Rotation von Revisionsleitern erreicht werden kann.

Im Rahmen der theoretischen Grundlagen wurde erörtert, dass eine höhere Verweildauer eines Prüfers zu Betriebsblindheit führen kann, die eine abnehmende Objektivität vermuten lässt. Gul/Subramaniam haben bereits 1994 experimentell nachgewiesen, dass Interne Revisoren sich bei Prüfungskonflikten in einem vertrauten Umfeld weniger objektiv verhalten.[262] Die Vertrautheit steht in Abhängigkeit zur Verweildauer eines Prüfers. Jenkins (2008) sieht einen Zusammenhang zwischen Vorsichtsprinzip und der Prüfungsdauer, bei längerer Prüfungsdauer verringert sich das Vorsichtsprinzip.[263] Darüber hinaus kann durch das vertraute Umfeld die kritische Geisteshaltung abnehmen. McCoy et al. (2011) sehen bei einer unzureichenden kritischen Geisteshaltung einen negativen Effekt auf die Prüfungsqualität. Dies sei auch auf Revisionsabteilungen übertragbar, da Interne Revisoren im Vergleich zu Wirtschaftsprüfungsgesellschaften in einem vertrauten Umfeld prüfen. Eine Rotation von

---

[261] Vgl. GAO (2013), S. 6.
[262] Vgl. Gul/Subramaniam (1994), S. 95.
[263] Vgl. Jenkins (2008), S. 130.

Revisionsleitern könnte diese Zusammenhänge unterbrechen und die Objektivität durch eine Stärkung der kritischen Geisteshaltung erhöhen.[264]

Das Entscheidungsverhalten von Revisionsleitern kann durch Informationsasymmetrien, Interessenkonflikte und Heuristiken beeinflusst werden. Rotiert ein Revisionsleiter auf eine andere dezentrale Leitungsstelle, kann sich abhängig von der fachlichen und disziplinarischen Zuordnung eine Principal-Agent-Beziehung oder Multi-Principal-Agent-Beziehung ergeben. Durch unterschiedliche Informationszustände und Risikoeinstellungen ist eine Informationsasymmetrie zwischen dem Leiter der Internen Revision und dem Revisionsleiter möglich. Aufgrund der räumlichen Trennung kann der Leiter der Internen Revision exogene Einflussgrößen auf den Revisionsleiter im Rahmen der Risikoanalyse nicht beobachten. Die Informationsasymmetrie zwischen den Akteuren wird noch verstärkt, je mehr Entscheidungen dezentral delegiert werden.[265] Daraus kann sich eine Gefahr der Informationsasymmetrie in Form von „moral hazard" oder „shirking" ergeben. Der Revisionsleiter könnte den Umstand zu seinen Gunsten ausnutzen und sich opportunistisch verhalten. Ghorbel/Omri (2013) stellen als Ergebnis einer Paneldatenauswertung der Jahre 2000 bis 2006 fest, dass ein Zusammenhang zwischen dem Wechsel eines Prüfers und einer positiven Marktreaktion besteht. Die Ergebnisse untermauern ihre Hypothese, dass ein Prüferwechsel zu einer Verminderung der Informationsasymmetrie führt.[266] Nelson (2009) führt zu *professional skepticism* und Rotation aus, dass eine Prüferrotation Anreizprobleme reduziert, die dann auftreten können, wenn der Prüfer über einen längeren Zeitraum mit einem Mandanten zusammenarbeitet.[267] Analog stellt Jenkins (2008) einen Zusammenhang zwischen dem Vorsichtsprinzip und der Prüfungsdauer fest. Demnach verringere sich ersteres bei längerer Prüfungsdauer. Auch Gul/ Subramaniam (1994) verweisen darauf, dass sich Interne Revisoren bei längerer Prüfungsdauer in einem vertrauten Umfeld weniger objektiv verhalten.[268] Durch Rotation kann die Vertrautheit des Umfeldes verringert, die kritische Geisteshaltung von Revisionsleitern gestärkt und eine höhere Veränderung von Gesamtrisikoscores erreicht werden.

Abhängig von der Ausgestaltung der fachlichen und disziplinarischen Zuordnung des Revisionsleiters können unterschiedliche Interessenkonflikte auftreten. In der Literatur des Prüfungswesens wird zunehmend das „Serving-Two-Masters"-Problem aufgegriffen. Es werden dabei zwei Berichtslinien des Internen Revisors an den Leiter der Internen Revision sowie den Prüfungsausschuss untersucht, die unbeabsichtigte Effekte auf die Urteile von Internen Revisoren haben.[269] Hoos et al. (2014) stellen in ihrer Studie fest, dass die Objektivität Interner Revisoren bei ihren Risikobewertungen und Empfehlungen negativ beeinflusst werden kann, wenn die Adressaten unterschiedliche Interessen aufweisen und die Interne Revision als Feld für Management-Training

---

[264]   Vgl. McCoy (2011), S. 3.
[265]   Vgl. Küpper (2013), S. 99.
[266]   Vgl. Ghorbel/Omri (2013), S. 136.
[267]   Vgl. Nelson, (2009), S. 21.
[268]   Vgl. Gul/Subramaniam (1994), S. 95.
[269]   Vgl. Hoos et al. (2015), S. 177 ff.

benutzt wird. Bei der Nutzung der Internen Revision für ein Management-Training werde die Risikobewertung mehr nach dem Management ausgerichtet.[270] Diese Konstellation könnte sich auch auf die Berichtslinie zwischen dem Leiter der Internen Revision, dem Revisionsleiter und der dezentralen Geschäftsleitung übertragen lassen. In diesem Zusammenhang kann auch die Verweildauer des Revisionsleiters eine Rolle spielen. Je länger die Verweildauer eines Revisionsleiters ist, desto vertrauter dürfte ihm das Umfeld am dezentralen Revisionsstandort sein und umso wahrscheinlicher kommt es zu Prüfungskonflikten. Es ist anzunehmen, dass Rotation das vertraute Umfeld begrenzt und somit die kritische Geisteshaltung des Revisionsleiters stärkt.

Bei Entscheidungen ist die Anwendung von Heuristiken in der Praxis die Regel. Zur Abgrenzung werden Heuristiken im Sinne von Tversky/Kahnemann (1974) herangezogen und zwischen Verfügbarkeitsheuristik, Repräsentativitätsheuristik sowie Anker- und Anpassungsheuristik unterschieden. Im Rahmen der Risikoanalyse dürften verstärkt Anker- und Anpassungsheuristiken zur Anwendung kommen, allerdings kann nicht jede Entscheidungsabweichung auf sie zurückgeführt werden.[271]

Bei der Risikoanalyse von Prüfungsfeldern handelt es sich um die Bewertung von komplexen Sachverhalten. Monroe/Ng (2000) und Brazel/Agolia (2007) verweisen auf die Praxis, dass die Risikobewertung des Vorjahres als Ausgangspunkt (Anker) für das Folgejahr angesehen wird. Dieser Anker werde trotz neuer Informationen bei einer Neubewertung oft unzureichend angepasst. Brazel/Agolia (2007) vertreten die Auffassung, dass die Verwendung von Vorjahresentscheidungen als Anker mit der Komplexität der Aufgabe zuzunehmen scheint. Die Schwierigkeiten in der Risikobewertung und die Abhängigkeit von den Bewertungen des Vorjahres würden jedoch durch die Erfahrungen im Prüfungsinformationssystem vermindert.[272] Anandarajan et al. (2008) identifizieren in ihrer Studie die Anwendung verschiedener Heuristiken. Sie verweisen darauf, dass sowohl unerfahrene Prüfer als auch Experten Heuristiken nutzen. In komplexeren Situationen setzen unerfahrenere Prüfer vermehrt Heuristiken im Vergleich zu erfahrenen Prüfern ein.[273] Zu einem ähnlichen Ergebnis kommen Bhattcharjee/ Moreno (2002), die feststellen, dass externe Prüfer mit einem sehr hohen Erfahrungshorizont weniger auf Heuristiken zurückgreifen und ihre Entscheidungen somit weniger von irrelevanten und negativen Informationen beeinflusst werden.[274] Fay et al. (2015) untersuchten die Prüfungsplanentscheidungen anhand eines Vergleichs von Prüfungsplanungen unter Zuhilfenahme von Daten aus dem Vorjahr und ohne deren Kenntnis. Der Ansatz unterscheide sich zwar von einer Kundenrotation, allerdings erlaube er den Prüfern einen frischen Blick.[275] Bei Rotation kann ein Revisionsleiter zwar auf das Informationssystem zugreifen, allerdings fehlt ihm die

---

[270] Vgl. Hoos et al. (2014), S. 19 ff.
[271] Vgl. Presutti (1995), S. 19.
[272] Vgl. Brazel/Agolia (2007), S. 1063.
[273] Vgl. Anandarajan et al. (2008), S. 345.
[274] Vgl. Bhattacharjee/Moreno (2002), S. 371.
[275] Vgl. Fay et al. (2015), S. 238.

Bewertungserfahrung aus dem Vorjahr. Somit dürfte eine Rotation eine höhere Veränderung von Gesamtrisikoscores zur Folge haben.

Rotiert ein Revisionsleiter auf eine andere dezentrale Leitungsstelle, dürfte es zu einer
Verminderung von Interessenkonflikten, Informationsasymmetrien und Heuristiken
kommen, aus der sich wiederum eine steigende Veränderung von Gesamtrisikoscores
ergeben kann. Steigende Veränderungen werden im Forschungsmodell als ein
Indikator für eine steigende Objektivität von Revisionsleitern angenommen. Vor
diesem Hintergrund wird Hypothese H_1 aufgestellt:

H_1 *Rotation dezentraler Revisionsleiter steigert die Objektivität im Vergleich zu*
        nicht-rotierenden Revisionsleitern im Rahmen der Risikoanalyse.

Die Steigerung der Objektivität durch Rotation könnte durch verschiedene individuelle
Determinanten dezentraler Revisionsleiter beeinflusst werden. Vor dem in Kapitel 3
beschriebenen Hintergrund werden weitere Hypothesen aufgestellt:

H_{1a} *Rotation dezentraler Revisionsleiter mit einer kleinen Revisionserfahrung*
        bewirkt eine stärkere Steigerung der Objektivität im Vergleich zu Revisionslei-
        tern mit einer großen Revisionserfahrung.

H_{1b} *Rotation dezentraler Revisionsleiter mit einer kaufmännischen Ausbildung*
        bewirkt eine stärkere Steigerung der Objektivität im Vergleich zu Revisionslei-
        tern mit einer technischen Ausbildung.

H_{1c} *Rotation dezentraler Revisionsleiter mit einer kleinen Rotationserfahrung*
        bewirkt eine stärkere Steigerung der Objektivität im Vergleich zu Revisionslei-
        tern mit einer großen Rotationserfahrung.

5 Forschungsdesign

Im Hauptteil der Studie wird anhand einer quantitativen Betrachtung der Einfluss der internen Rotation dezentraler Revisionsleiter auf die Veränderungen der Gesamtrisiko-scores untersucht. Zusätzlich werden weitere unabhängige Variablen als Kontroll-variablen in das Modell mit aufgenommen, um mögliche Faktoren zu identifizieren, die neben der Rotation die individuelle Objektivität beeinflussen können.

5.1 Vorstudie

In der Vorstudie wurden Experten[276] zum Thema Rotation befragt, um Ersterkennt-nisse aus der Praxis zu gewinnen.[277] Im Folgenden wird ein Überblick über den Auf-bau der Expertenbefragung, die Datenquellen, mögliche Zusammenhänge zwischen den Variablen, die Zusammensetzung der Stichprobe sowie die Methode der Daten-auswertung gegeben.

5.1.1 Aufbau der Expertenbefragung

Die Umsetzung der quantitativen, explorativen Vorstudie in Form einer Experten-befragung erfolgte mittels eines standardisierten Fragebogens, der die beschriebenen Überlegungen reflektiert. Die Fragen gliedern sich in zwei Teilbereiche:

1. Erfassung von persönlichen und unternehmensspezifischen Grunddaten
2. Einschätzung und Durchführung der Rotation
   - Gründe für eine Rotation Interner Revisoren
   - Gründe gegen eine Rotation Interner Revisoren
   - Durchführung der Rotation im Unternehmen

Dem Fragebogen, der im Anhang zu finden ist, liegen nominale und metrische Skalen zugrunde.[278] Die Expertenbefragung erfolgte entweder persönlich in Hannover oder telefonisch. Der Fragebogen wurde persönlich ausgehändigt oder per Email zugesandt mit einem Verweis auf die nationalen und internationalen Berufsstandards.

5.1.2 Datenquellen und Stichprobe

Im Rahmen der Studie wurden 35 Fach- und Führungskräfte aus dem Bereich der Internen Revision befragt, die auf dem Jahrestag des *Deutschen Instituts der Internen*

---

[276] Nach Bogner et al. (2009), S. 37 sind Experten durch ihre hervorragenden Kenntnisse auf einem Gebiet gekennzeichnet.
[277] Laut Weischer (2007), S. 280 können aus einer Expertenbefragung Ersterkenntnisse gewonnen werden.
[278] Vgl. Bortz/Döring (2006), S. 67.

Revision (DIIR) in Hannover im Jahr 2012 sowie aus dem eigenen Netzwerk zufällig ausgewählt wurden. Die Expertenbefragung erfolgte unter Wahrung der Anonymität. Folgende Variablen dienten als Grundlage der statistischen Analyse:

Tabelle 3:   Definition der Variablen

Variable	Definition
MA	Anzahl der Mitarbeiter in einem Unternehmen
IR	Anzahl der Revisoren in einem Unternehmen
F1	Relevanz der Rotation (von ungeeignet bis zwingend erforderlich)
F2	Existenz der Rotation

5.1.3 Datenaufbereitung und Datenauswertung

Nach Abschluss der Befragung wurden die Ergebnisse in Excel erfasst und codiert. Zunächst wurden die aufgezeigten Variablen deskriptiv ausgewertet, um mögliche Zusammenhänge zu analysieren. In einem zweiten Schritt erfolgte die Zuordnung der Variablen zu entsprechenden Skalen[279] und in Abhängigkeit zur jeweiligen Zuordnung die Auswertung mittels statistischer Tests in Stata 12.0.

5.2 Hauptstudie

Die Hauptstudie gibt einen Überblick über die Eigenschaften des Untersuchungs-gegenstands, den Datenzugang, die Zusammensetzung der Stichprobe und über die statistischen Modelle. Insbesondere wird auf die zu untersuchenden abhängigen und unabhängigen Variablen sowie auf die Kontrollvariablen eingegangen.

5.2.1 Untersuchungsgegenstand

Der Untersuchungsgegenstand ist die Revision eines internationalen Konzerns mit dezentralen Revisionsstandorten. Im Mittelpunkt der Analyse stehen die Gesamtrisiko-scores, die im Rahmen der Risikoanalyse durch dezentrale Revisionsleiter mittels eines Scoringmodells bewertet werden. Die Bewertungen setzen sich aus den indivi-duell zu bewertenden Teilrisikoscores Internes Kontrollsystem, Schadensausmaß, Investitionen und Hinweise zusammen. Um der Objektivität nach den nationalen und internationalen Berufsstandards Rechnung zu tragen, erfolgt an dezentralen Revisions-standorten eine Rotation der Revisionsleiter. Es wird angenommen, dass die Determi-nanten Informationsasymmetrie, Interessenkonflikte und Heuristiken die individuelle Objektivität von Revisionsleitern beeinflussen. Darüber hinaus könnte Rotation eine

---

[279]   Vgl. Cleff (2011), S. 80.

Wirkung auf das Vorsichtsprinzip von Revisionsleitern haben. Daher ist es erforderlich, die entsprechenden Determinanten näher zu betrachten.

Principal-Agent-Theorie und Informationsasymmetrie

Mit der Rotation wird die Erstellung der Risikoanalyse an den dezentralen Revisionsleiter delegiert. Im Sinne der Principal-Agent-Theorie handelt es sich dabei um einen Sachverhalt nach Vertragsabschluss. Unter Berücksichtigung der Prämissen der Principal-Agent-Theorie kann eine Informationsasymmetrie zwischen dem Leiter der Konzernrevision und dem Revisionsleiter angenommen werden. Zwischen dem fachlich zuständigen Leiter der Konzernrevision und dem Revisionsleiter kann durch die Delegation die Informationsasymmetrie noch verstärkt werden, bedingt durch die Handlungen des Revisionsleiters vor Ort. Betrachtet man den Sachverhalt unter dem Gesichtspunkt der Informationsasymmetrie, so liegt ein Fall von *hidden action* vor. Auch eine Gefahr von *moral hazard* wäre denkbar.

Interessenkonflikte

Die interne Rotation des Revisionsleiters hat eine unterschiedliche fachliche und disziplinarische Zuordnung zur Folge. Fachlich ist der Revisionsleiter dem Leiter der Konzernrevision, disziplinarisch der dezentralen Geschäftsleitung unterstellt. Somit besteht eine Multi-Principal-Agent-Beziehung zwischen den Akteuren. Für die Objektivität sind die Berichtslinien von Bedeutung. Da der dezentrale Revisionsleiter sowohl an die dezentrale Geschäftsleitung als auch an den Leiter der Konzernrevision zu berichten hat, kann ein „Serving-Two-Masters"-Problem auftreten.

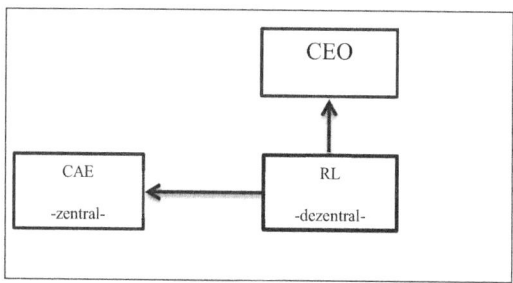

Abbildung 12: Berichtslinie dezentraler Revisionsleiter

Quelle: eigene Darstellung

Anreizmechanismus

Die Gewährung von variablen Entgeltbestandteilen kann die Objektivität beein-flussen.[280] Ob auch im untersuchten Unternehmen ein Einfluss vorhanden ist, wird näher zu analysieren sein. Die Zahlungsanweisung des variablen Entgeltbestandteils erfolgt generell über den Leiter der Konzernrevision in Abstimmung mit der de-zentralen Geschäftsleitung sowie dem Personalwesen der Gesellschaft.[281] Ein direkter Einfluss auf die Höhe des Bonus ist ohne Wissen und Zutun des Leiters der Konzern-revision nicht möglich. Folglich besteht kein direkter oder indirekter Zusammenhang zwischen der Bonusauszahlung und der Risikoanalyse eines Revisionsleiters. Die Risikoanalyse wird als Vorstufe zum Audit Universe angesehen (vgl. Kapitel 1.4.).

Die dezentrale Geschäftsleitung hat darüber hinaus die Möglichkeit, dem Leiter der Konzernrevision gemäß dem Revisionshandbuch einen eigenen Prüfungsvorschlag außerhalb der regulären Programmplanung zu unterbreiten. Theoretisch ist zwar eine Einflussnahme der dezentralen Geschäftsleitung auf die Risikoanalyse durch eine Bonuszahlung möglich, jedoch wird diese durch eine direkte Anweisung des Leiters der Konzernrevision verhindert. Daher kann aus organisatorischen Gründen ein Ein-fluss verneint werden.

Jeder zukünftige Revisionsleiter verbleibt vor einer Rotation für eine begrenzte Zeit in der Zentrale der Konzernrevision, um das Vertrauensverhältnis und die Loyalität gegenüber dem Leiter der Konzernrevision zu stärken. Hieraus dürfte ein Zusammen-hang zwischen der Länge der Verweildauer eines Revisionsleiters an einem dezentra-len Revisionsstandort und der Stärke der Loyalität nicht auszuschließen sein.

Entscheidungstheorie und Heuristiken

Im Untersuchungsobjekt sind Revisionsleiter mit unterschiedlicher Revisionserfah-rung, Ausbildung und Rotationserfahrung im Einsatz. Aufgrund der Heterogenität der individuellen Charakteristika der Revisionsleiter und der Komplexität der Sachverhalte kann bei der Bewertung der Prüfungsfelder ein Einsatz von Heuristiken vermutet werden. Bei der Risikoanalyse sind im Prüfungswesen verstärkt Anker- und An-passungsheuristiken vorzufinden. Einmal getroffene Entscheidungen erfahren auf-grund des Ankers eine unzureichende Anpassung und führen somit zu verzerrten Entscheidungen. Weitere Heuristiken können ebenfalls eine Rolle spielen, sind jedoch von untergeordneter Bedeutung.

Vorsichtsprinzip bei der Bewertung von Prüfungsfeldern

Das Verhalten eines Prüfers wird möglicherweise durch das Vorsichtsprinzip beein-flusst. So sieht Jenkins (2008) einen Zusammenhang zwischen dem Vorsichtsprinzip und der Prüfungsdauer, bei durch Rotation resultierender kürzerer Prüfungsdauer

---

[280] Vgl. DeZoort et al. (2001); d'Arcy/Hoos (2012); Dikolli et al. (2004)
[281] Vgl. Dörfler et al. (2012), S. 679.

würde sich das Vorsichtsprinzip erhöhen.[282] Sehr vorsichtige Prüfer könnten somit Risiken systematisch höher bewerten. Bei internen Prüfern dürfte ein gewisser Umfang an Vorsicht nicht ausgeschlossen sein, allerdings bewegen sich diese in einem vertrauten Umfeld, so dass das Vorsichtsprinzip bei Entscheidungen eine kleinere Rolle spielen dürfte.

5.2.2 Datenquellen und Stichprobe

Die Hauptstudie basiert auf den Daten der Internen Revision eines internationalen Konzerns im Zeitraum von 2009 bis 2012. Die Bewertung der Prüfungsfelder erfolgt durch dezentrale Revisionsleiter mithilfe von Teilrisikoscores, die zu Gesamtrisikoscores zusammengefasst werden. Die Gesamtrisikoscores rotierender und nicht rotierender Revisionsleiter dezentraler Revisionsstandorte werden aus dem Revisionssystem exportiert, aufbereitet und analysiert.

Die Stichprobe umfasst 27.495 Prüfungsfelder der Jahre 2009 bis 2012, bewertet von 24 Revisionsleitern. Um Veränderungen der Bewertungen zu messen, werden die Risikoniveauunterschiede der jährlichen Gesamtrisikoscores gebildet. Aus der Differenzbetrachtung ergeben sich 5.475 Beobachtungen. Die Anonymität der Daten wird durch eine mehrstufige Codierung gewährleistet,[283] die im Vorfeld vom zuständigen Datenschutzbeauftragten geprüft und für in Ordnung befunden wurde.

5.2.3 Datenaufbereitung

Um eine bereinigte Stichprobe zu erhalten, werden die bewerteten Jahresprüfungsplanungen dezentraler Revisionsstandorte in Excel zusammengefasst. Jedem Prüfungsfeld wird in Abhängigkeit vom jeweiligen Jahr und von der Gesellschaft eine eineindeutige Identifikationsnummer zugeordnet. In einem zweiten Schritt erfolgt die Zuordnung der codierten Merkmalsträger. Mithilfe des Programms KNIME, das im Data-Mining-Bereich zur Massendatenanalyse eingesetzt wird, erfolgt eine Differenzbildung der Jahre 2009 bis 2012 unter Berücksichtigung des Umstandes, ob ein Revisionsleiter rotierte oder auf seiner Position verblieb.

5.2.4 Bestimmung der abhängigen Variablen

Die aufgestellte Hypothese H_1 wird mithilfe der Modelle M1 und M2 untersucht. Hierzu werden zwei unterschiedliche abhängige Variablen gebildet. Ob Rotation die Objektivität von Internen Revisoren steigert, wird mittels einer Dummy-Variablen auf Basis des Risikoniveauunterschieds untersucht. Anhand des ermittelten Risikoniveauunterschieds wird die Höhe des Einflusses der Rotation auf die Objektivität analysiert.

---

[282] Vgl. Jenkins (2008), S. 130.
[283] Vgl. Höhne (2008), S. 260 ff.

Risikoniveauunterschied

Die bewerteten Prüfungsfelder und die daraus resultierenden Gesamtrisikoscores dezentraler Revisionsleiter werden im Rahmen der Jahresprüfungsplanung untersucht. Unter Abwägung der bisher gewonnenen Erkenntnisse wird angenommen, dass eine Rotation zu einer stärkeren Veränderung der Bewertung von Gesamtrisikoscores führt. Eine steigende Veränderung bei Rotation wird als eine Steigerung der Objektivität von Revisionsleitern angesehen. Im dargestellten Modell stellt die abhängige Variable RN die absolute Risikoniveauveränderung von rotierenden und nicht rotierenden Revisionsleitern im Zeitverlauf dar.

$$RN_{r,t} = |\,[GR_t \,/\, GR_{t-1}] - 1\,|$$

(1)

Die Risikoniveauveränderung wird von den bewerteten Gesamtrisikoscores (GR) abgeleitet, die sich aus den Teilrisikoscores Internes Kontrollsystem, Schadensausmaß, Investitionen, Hinweise sowie Datum letzte Prüfung zusammensetzen. Jeder Teilrisikoscore unterliegt einer Gleichgewichtung von 20 Prozent. Die einzelnen Risikopunkte werden mit dem Faktor 20 multipliziert und addiert, wodurch sich für die Bewertung eines Prüfungsfeldes ein Gesamtrisikoscore von 0 bis 400 ergibt. Ein Wert von 400 bedingt eine sofortige Prüfungsdurchführung.[284] Da die erwähnten Teilrisikoscores in starker Abhängigkeit zum Gesamtrisikoscore zu sehen sind, soll in Anlehnung an Amling/Bentleon (2009) jeder Parameter kurz erläutert werden.

- Das *Interne Kontrollsystem* (IKS) beschreibt die Effektivität des Internen Kontrollsystems einer Gesellschaft, welche mit einer Likert-Skala von 1 bis 4 bewertet wird. Dabei steht ein kleiner Wert für ein gut ausgestaltetes Internes Kontrollsystem, ein hoher Wert für ein schlechtes System.[285]
- Das *Schadensausmaß* ist ein Kriterium, das auf der Basis von Umsatz, Einkaufs- oder Auftragsvolumen, Mitarbeiterzahl und IT-Kosten bewertet wird. Der Wert ist ein Maßstab für die Wahrscheinlichkeit des Auftretens von materiellen oder immateriellen Schäden.[286]
- Die Variable *Investition* beschreibt die Risikoeinschätzung neuer Projekte und Investitionen. Dabei wird angenommen, dass neue Projekte ein höheres Risikopotential aufweisen. Die Einstufung erfolgt wiederum über die vierstufige Likert-Skala.[287]
- Die Bewertung des Teilrisikoscores *Hinweise*, die sich aus Prüfungsvorschlägen, Follow-Up-Informationen oder aus dem Ombudsmann-System ergeben, erfolgt nach folgenden Kriterien:

---

[284] Vgl. Dörfler et al. (2012), S. 285.
[285] Vgl. ebda., S. 285.
[286] Vgl. ebda., S. 285.
[287] Vgl. ebda., S. 285.

Tabelle 4: Bewertung des Teilrisikoscores Hinweise

Indikatoren	Punkte
Kaum spezifizierte Hinweise mit geringer Glaubwürdigkeit	0-1
Nachvollziehbare Hinweise auf mögliche Schwachstellen	2
Glaubwürdige konkrete Hinweise auf unmittelbare akute Risiken	3
Unmittelbar akute Risiken	4

Quelle: in Anlehnung an Amling/Bantleon (2009). S. 285

◼ Der Teilrisikoscore *Datum letzte Prüfung* gibt Aufschluss über den Zeitpunkt der letzten Prüfung eines Objektes. Die Bewertung erfolgt über eine maschinelle Punktevergabe nach Jahren:[288]
Die Teilrisikoscores werden mit Ausnahme des *Datums letzte Prüfung* von den dezentralen Revisionsleitern individuell anhand des oben beschriebenen Punktesystems bewertet. Im Fokus stehen jedoch nur individuelle Bewertungen, weshalb der Teilrisikoscore *Datum letzte Prüfung* eliminiert wird, um die Untersuchung mit den dann gewonnenen bereinigten Gesamtrisikoscores durchzuführen.

Veränderungen

Mithilfe der Risikoniveauunterschiede wird eine zweite abhängige Variable in Form einer Dummy-Variablen ermittelt, die sich wie folgt zusammensetzt:

Tabelle 5: Zusammensetzung der Dummy-Variable Risikoniveauunterschied

Risikoniveauunterschied: RN	Wert
RN mit keiner Veränderung in Prozent	0
RN mit positiver Veränderung in Prozent	1

Quelle: eigene Darstellung

5.2.5 Bestimmung der unabhängigen Variablen

Wie bereits ausgeführt, gibt es in der externen Prüfungsliteratur kein einheitliches Bild über die Wirksamkeit der Rotation. Die unabhängige Variable stellt im vorliegenden Modell die Rotation „R" dezentraler Revisionsleiter dar. Diese nimmt bei fehlender Rotation den Wert 0 und bei Rotation den Wert 1 an.

---

[288] Vgl. ebda., S. 286.

Tabelle 6: Definition der unabhängigen Variablen Rotation

Rotation: R	Wert
keine Rotation (R0)	0
Rotation (R1)	1

5.2.6 Bestimmung der Kontrollvariablen

Neben der Rotation können personenbezogene Eigenschaften von Revisionsleitern, wie Revisionserfahrung, Ausbildung und Rotationserfahrung, die Objektivität beeinflussen.

Revisionserfahrung

Die individuelle Berufserfahrung von Abschlussprüfern kann nach Bhattacharjee/Moreno (2002) ein Faktor bei der Bewertung sein[289]. So würden sich erfahrene Abschlussprüfer im Vergleich zu nicht erfahrenen weniger durch irrelevante Informationen beeinflussen lassen.[290] In der Regel werden in der Internen Revision internationaler Unternehmen Revisoren zu Revisionleitern bestimmt, die über eine mehrjährige Berufspraxis verfügen.

Es ist anzunehmen, dass auch die Anzahl der bewerteten Prüfungsfelder eines Revisionsleiters Aufschluss über die Objektivität seiner Bewertung gibt. Bei einer sehr hohen Anzahl an Bewertungen innerhalb einer beschränkten Zeit dürfte die Vollständigkeit der Informationen als Entscheidungsgrundlage nicht gegeben sein. In diesem Fall würde der Revisionsleiter sich im Entscheidungsmodell unter Risiko oder Unsicherheit bewegen. Nach Gigerenzer (2008 und 2012) und Kahneman (1979) werden häufig Entscheidungen mittels Daumenregeln getroffen, um die Komplexität von Sachverhalten zu vereinfachen.

Die Anwendung solcher Regeln dürfte sich zwangsläufig erhöhen, je weniger Zeit man für ein einzelnes Prüfungsfeld aufwenden kann. Darüber hinaus kann angenommen werden, dass Revisionsleiter mit großer Revisionserfahrung stärker auf Ankerheuristiken zurückgreifen. Vor diesem Hintergrund ist zu vermuten, dass Revisionsleiter mit einer großen Revisionserfahrung im Vergleich zu solchen mit kleinerer Revisionserfahrung Prüfungsfelder weniger stark verändern.

Ausbildung

Revisionsleiter haben in der Regel eine unterschiedliche berufliche Ausbildung, vereinfacht kann zwischen kaufmännischer und technischer Ausbildung differenziert werden. Es liegt die Vermutung nahe, dass technisch orientierte Revisionsleiter im

---

[289] Vgl. Bhattacharjee/Moreno (2002), S. 361.
[290] Vgl. ebda., S. 362.

Vergleich zu kaufmännischen Kollegen Prüfungsfelder anders bewerten. Low (2004) verweist darauf, dass eine Spezialisierung von Prüfern die Risikobewertung verbessert und sich direkt auf die Qualität der Bewertungen auswirkt.[291] Entsprechend der Ausbildung der Revisionsleiter ist eine unterschiedliche Bewertung von kaufmännischen oder technischen Prüfungsfeldern möglich. Die Veränderungen der Gesamtrisikoscores könnten dabei von der Verteilung der kaufmännischen und technischen Prüfungsfelder beeinflusst werden.

Rotationserfahrung

Eine höhere Rotationsfrequenz lässt einen Lerneffekt, der evolutionär bedingt sein könnte, vermuten.[292] Wahrscheinlich verändern Revisionsleiter mit einer geringeren Rotationserfahrung im Vergleich zu Kollegen mit größerer Erfahrung Gesamtrisikoscores stärker. Während ein Revisionsleiter mit einer großen Rotationserfahrung bereits über Erfahrungen in der Bewertung von Prüfungsobjekten sowie in der Informationsbeschaffung vor Ort verfügt, dürfte dies bei Revisionsleitern mit einer kleinen Rotationserfahrung nur bedingt der Fall sein. Darüber könnte jedoch noch ein weiterer Aspekt erheblich mehr Bedeutung haben. Revisions-leiter mit einer kleinen Rotationserfahrung dürften die Analyse des Prüfungsobjektes aufgrund ihrer geringeren Erfahrung intensiver durchführen und somit Gesamtrisikoscore stärker verändern.

Kaufmännische und technische Prüfungsobjekte

Kaufmännische und technische Prüfungsfelder werden am dezentralen Revisionsstandort durch den Revisionsleiter bewertet. Dieser hat in der Regel entweder eine technische oder kaufmännische akademische Ausbildung. Eine Rotation von Revisionsleitern führt vermutlich dazu, dass sich die Bewertung abhängig von der Ausbildung und der Art der Prüfungsfelder ändert.

Die Art der Variablen, deren Definition und die Datenerhebung sind aus Tabelle 7 ersichtlich. Die Rotation wird als eine unabhängige Variable dargestellt, alle weiteren unabhängigen Variablen werden als Kontrollvariablen in das Modell mit aufgenommen. Aufgrund unterschiedlicher Modelle zur Untersuchung der Hypothese H_1 werden zwei unterschiedliche abhängige Variablen in die Variablendefinition aufgenommen. Die unabhängigen Variablen wie auch die abhängigen Variablen werden in Abhängigkeit vom Zeitverlauf t sowie vom Revisionsleiter r dargestellt.

---

[291] Vgl. Low (2004), S. 201.
[292] Vgl. Vranas (2000), S. 179.

Tabelle 7: Definition der Variablen

Variablen	Variablenart	Definition	Datenerhebung
$U_{t,r}$	abhängige Variable	Veränderungen (=1) oder keine Veränderungen, die durch die Bewertung eines Revisionsleiters im Zeitverlauf eintreten.	Gesamtrisikoscores dezentraler Revisionsstandorte
$RN_{t,r}$	abhängige Variable	absoluter Risikoniveauunterschied der Gesamtrisikoscores, der sich aus der Bewertung von rotierenden und nicht rotierenden Revisionsleitern im Zeitverlauf ergibt.	Gesamtrisikoscores dezentraler Revisionsstandorte
$R_{t,r}$	unabhängige Variable	Rotation (=1) eines Revisionsleiters r_n bzw. Nicht-Rotation (=0) im Zeitverlauf.	Gesamtrisikoscores dezentraler Revisionsstandorte
$A_{t,r}$	Kontrollvariable	Revisionserfahrung des Revisionsleiters r_n im Zeitverlauf.	interne Personalstatistik
$E_{t,r}$	Kontrollvariable	kaufmännische oder technische Aus-bildung eines Revisionsleiters r_n.	interne Personalstatistik
$N_{t,r}$	Kontrollvariable	Anzahl der Rotationen, die ein Revisionsleiter r_n durchlaufen hat.	interne Personalstatistik
$F_{t,r}$	Kontrollvariable	kaufmännisches oder technisches Prüfungsfeld	interne Statistik

Quelle: eigene Darstellung

5.2.7 Methoden

Um den Einfluss der Rotation auf die Veränderung der Gesamtrisikoscores zu ermitteln, werden die oben aufgeführten Variablen im Modell 1 mit einer logistischen Paneldatenregression und im Modell 2 mit einem gepoolten Tobit-Regressionsmodell[293] analysiert.

5.2.7.1 Logistische Paneldatenregression

Die logistische Paneldatenregression stellt ein Wahrscheinlichkeitsmodell mit einer dichotomen, binären abhängigen Variablen dar.[294] Grundlage der Analyse ist folgendes Regressionsmodell nach Random Effects[295]:

---

[293] Vgl. Tobin (1958)
[294] Vgl. Cameron/Trivedi (2010), S. 459.
[295] Vgl. Giesselmann/Windzio (2012), S. 150.

$$\text{logit } P(U_{r,t} = 1/x) = (\beta_0 + b_{0i}) + \beta_1 R_{r,t} + \beta_2 A_{r,t} + \beta_3 E_{r,t} + \beta_4 N_{r,t} + \beta_5 F_{r,t} + \varepsilon_r \tag{2}$$

mit:

$P =$	Wahrscheinlichkeit
$X_{r,t} =$	Wert der unabhängigen Variablen eines Revisionsleiters r zum Zeitpunkt t
$\beta_{r,t} =$	Regressionskoeffizient eines Revisionsleiters r zum Zeitpunkt t
$U_{r,t} =$	binäre Variable für Veränderungen eines Revisionsleiters r zum Zeitpunkt t
$R_{r,t} =$	Rotation eines Revisionsleiters r zum Zeitpunkt t
$A_{r,t} =$	Revisionserfahrung eines Revisionsleiters r zum Zeitpunkt t
$E_{r,t} =$	Ausbildung eines Revisionsleiters r zum Zeitpunkt t
$N_{r,t} =$	Rotationserfahrung eines Revisionsleiters r zum Zeitpunkt t
$F_{r,t} =$	kaufmännisches und technisches Prüfungsfeld eines Revisionsleiters r zum Zeitpunkt t
$\varepsilon_r =$	Fehlerterm

Die abhängige Variable weist zwei mögliche Merkmalsausprägungen mit dem Wert 0 oder 1 auf, mit denen eine Vorhersage von konditionalen Wahrscheinlichkeiten getroffen werden kann.[296] Nach Kohler/Kreuter (2008) werden Wahrscheinlichkeiten mittels Odds (O) betrachtet,[297] um das Verhältnis der Eintrittswahrscheinlichkeit (P) zur Gegenwahrscheinlichkeit (1-P) darzustellen:[298]

$$O = \frac{P(Y = 1)}{1 - P(Y = 1)} \tag{3}$$

Die Interpretation erfolgt mithilfe des Chancenverhältnisses Odds Ratio (OR).[299] Ziel der Untersuchung ist die Analyse des Chancenverhältnisses zwischen Rotation und Nicht-Rotation bei Veränderungen. Dabei können folgende Interpretationsmöglichkeiten herangezogen werden:

---

[296]Vgl. in Anlehnung ebda., S. 129.
[297]Vgl. Kohler/Kreuter (2008), S. 263.
[298]Vgl. Kleinbaum et al. (2010), S. 662.
[299]Vgl. Backhaus et al. (2011), S. 292.

Tabelle 8: Odds Ratio

Odds Ratio	Aussage
OR (Rotation| Nicht-Rotation) = 1	gleiche Chancen für beide Vergleichsgruppen, kein Unterschied zwischen den Gruppen Rotation und Nicht-Rotation
OR (Rotation| Nicht-Rotation) > 1	höhere Chance für die Gruppe Rotation, im Vergleich zur Gruppe Nicht-Rotation
OR (Rotation| Nicht-Rotation) < 1	höhere Chance für die Gruppe Nicht-Rotation im Vergleich zur Gruppe Rotation

Quelle: eigene Darstellung

5.2.7.2   Tobit-Regressionsmodell

Die abhängige Variable RN und deren Eigenschaft werden zunächst grafisch dargestellt und analysiert. Aus der Grafik wird ersichtlich, dass es sich um eine beschränkt abhängige Variable handelt[300], die einen bestimmten Wertebereich einnimmt.[301] Der Wert der abhängigen Variablen RN liegt zwischen $y = 0$ und $y > 0$. Für den Fall, dass eine abhängige Variable einen bestimmten Schwellenwert nicht über- oder unterschreitet, spricht man von „zensiert".[302] Um hierzu eine Aussage treffen zu können, bedient man sich eines „Kern-Dichte-Schätzers", der als Density bezeichnet wird. Unter dem Kern wird eine Gruppe von Schätzungen für die Dichte an der Stelle x verstanden.[303] Wie aus Abbildung 13 ersichtlich ist, liegt eine Links-Zensierung (left censored at zero) vor. Deshalb kommt zur Messung der Einflüsse ein Tobit-Regressionsmodell (Tobin, 1958) zum Einsatz.[304]

---

[300]Vgl. Windzio (2013), S. 255.
[301]Vgl. Cameron/Trivedi (2010), S. 535.
[302]Vgl. Windzio (2013), S. 256.
[303]Vgl. Kohler/Kreuter (2008), S. 174.
[304]Vgl. Amemiya (1984), S. 3 ff.

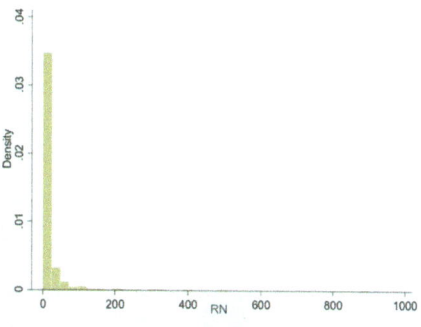

Abbildung 13: Verteilung der abhängigen Variablen

Quelle: eigene Darstellung

Vom Grundmodell[305] $Y^* = \beta_1 + \beta_2 X_i + u_i$ wird für die Analyse der Stichprobe folgendes Modell abgeleitet[306]:

$$RN_{r,t} = \beta_1 R_{r,t} + \beta_2 A_{r,t} + \beta_3 E_{r,t} + \beta_4 N_{r,t} + \beta_5 F_{r,t} + u_r \qquad (4)$$

mit

$RN_{r,t}=$ Risikoniveauveränderung eines Revisionsleiters r zum Zeitpunkt t

$R_{r,t}=$ Rotation eines Revisionsleiters r zum Zeitpunkt t

$A_{r,t}=$ Revisionserfahrung eines Revisionsleiters r zum Zeitpunkt t

$E_{r,t}=$ kaufmännische oder technische Ausbildung eines Revisionsleiters r zum Zeitpunkt t

$N_{r,t}=$ Rotationserfahrung eines Revisionsleiters r zum Zeitpunkt t

$F_{r,t}=$ Kaufmännische oder technische Prüfungsfelder eines Revisionsleiters r zum Zeitpunkt t

$u_r=$ Fehlerterm

Neben der unabhängigen Variablen Rotation werden noch die Kontrollvariablen Revisionserfahrung, Ausbildung, Rotationserfahrung und Prüfungsfelder in das Modell mit aufgenommen, um herauszufinden, ob durch das Instrument der Rotation eine Steigerung der individuellen Objektivität oder durch weitere Parameter bewirkt werden kann. Das Zusammenspiel individueller Determinanten und Rotation wird mit Hilfe von Interaktionseffekte untersucht. Die Schätzung der Einflüsse erfolgt über den durchschnittlichen marginalen Effekt.[307]

---

[305] Vgl. Gujarati (2004), S. 643.

[306] Vgl. Hill et al. (2011), S. 620.

[307] Vgl. Peters (2014), S. 20.

6 Ergebnisse

Im Vorfeld der empirischen Untersuchung wurde eine Vorstudie durchgeführt, um Erkenntnisse über den Zusammenhang zwischen Objektivität und Rotation Interner Revisoren zu gewinnen. Darauf aufbauend werden die bewerteten Prüfungsfelder der dezentralen Revisionsleiter der Konzernrevision eines internationalen Unternehmens analysiert.

6.1 Vorstudie

Zwischen September und November 2012 wurden insgesamt 35 Führungskräfte aus dem Bereich der Internen Revision zum Thema Rotation in der Internen Revision auf der Jahrestagung des Deutschen Instituts für Interne Revision in Hannover und aus dem eigenen Netzwerk befragt. Die Befragung erfolgte mithilfe eines standardisierten Fragebogens, dabei wurde auf die internationalen Standards für die berufliche Praxis der Internen Revision verwiesen.

6.1.1 Deskriptive Statistik

Die Teilnehmer verfügten über eine durchschnittliche Berufserfahrung von 16,5 Jahren, so dass nach Bogner et al. (2009) von einem Expertenstatus ausgegangen werden kann.[308] Die Mitarbeiterzahl der Unternehmen, dem die Befragten angehörten, lag im Durchschnitt bei 81.346 Mitarbeitern[309], die Größe der Revisionsabteilung bei rund 53 Revisoren.

Tabelle 9: Deskriptive Informationen

Variable	N	Mittelwert	Median	Std. Dev.	Min	Max
Berufserfahrung	35	16,57	15	8,17	0	33
Mitarbeiteranzahl im Unternehmen (MA)	35	81.345,97	8500	143.404,50	200	520.000
Mitarbeiter Interne Revision (IR)	35	52,89	11	85,97	1	350

Quelle: eigene Darstellung

Die Branchenzugehörigkeit der Unternehmen wird aus Tabelle 10 ersichtlich: 22,86 Prozent Dienstleistungen, jeweils 14,29 Prozent Automobilindustrie und Banken, 8,57 Prozent Versicherungen sowie 40 Prozent sonstige Branchen.

---

[308]   Vgl. Bogner/Littig (2009), S. 37.
[309]   Für eine bessere Lesbarkeit der Studie wird auf ganze Zahlen auf- bzw. abgerundet.

Tabelle 10: Branchenverteilung

Branche	Anteil absolut	Anteil prozentual
Dienstleistungen	8	22,86
Automobileindustrie	5	14,29
Banken	5	14,29
Versicherungen	3	8,57
sonstige Branchen	14	40,00
Gesamt	35	100,00

Quelle: eigene Darstellung

Von den 35 befragten Teilnehmern waren 71,43 Prozent Leiter der Internen Revision, 8,57 Prozent Director Internal Audits und 20 Prozent hatten sonstige Revisions-funktionen.

Tabelle 11: Verteilung nach Funktionen

Funktionen	Anteil absolut	Anteil prozentual
Leiter Interne Revision	25	71,43
Director Internal Audit	3	8,57
Sonstige	7	20,00
Gesamt	35	100,00

Quelle: eigene Darstellung

Die Antwort auf die Frage, ob im Bereich der jeweiligen Internen Revision das Prinzip der Rotation eingesetzt wird, verneinten 60 Prozent der Befragten, wie aus Tabelle 12 ersichtlich wird.

Tabelle 12: Vergleich Rotation und Nicht-Rotation

Gibt es im Bereich der Internen Revision das Prinzip der Rotation?		
	Anteil absolut	Anteil prozentual
Ja	14	40,00
Nein	21	60,00
Gesamt	35	100,00

Quelle: eigene Darstellung

Die Stabfunktion Interne Revision wird häufig mit der „Kaderschmiede" von
Führungskräften in Verbindung gebracht. Nach Eulerich/van Uum (2014) sehen Big-4
Wirtschaftsprüfungsgesellschaften die Revision in diesem Kontext.[310] Christopher et
al. (2009) bestätigen diese Sichtweise: „...the internal audit function often is used as a
training ground or a stepping stone for future managers to further their careers"[311]
Nach einer weiteren Studie des Institute of Internal Auditors vom Oktober 2009 verfügen 31 Prozent der befragten nordamerikanischen Unternehmen über ein Rotations-
modell, in dem alle Positionen mit Ausnahme des Leiters der Internen Revision
rotieren, wodurch das Ergebnis der Analyse gestützt wird.[312]

Die Rotation in der Internen Revision sehen 51,43 Prozent der in der Vorstudie
Befragten als „wünschenswert", 22,86 Prozent der Befragten als „zwingend erforderlich" bzw. „erforderlich", 17,14 Prozent als „nice to have" und 8,57 Prozent als
„ungeeignet" an.

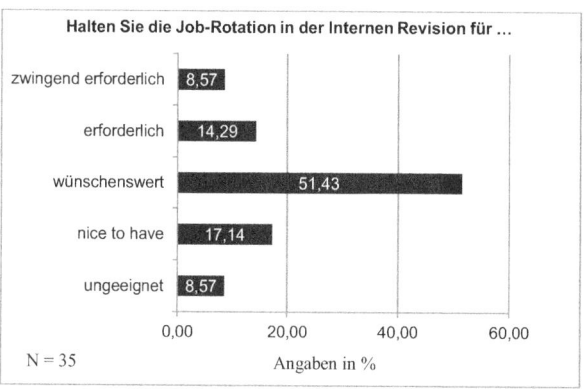

Abbildung 14: Einordnung der Rotation

Quelle: eigene Darstellung

Das Ergebnis zeigt ferner, dass rund 77,00 Prozent der Befragten Rotation weder als
„zwingend erforderlich" noch als „erforderlich" ansehen. Der praktische Ratschlag
Nr. 1120-1 Tz.2 der internationalen Grundlagen für die berufliche Praxis der Internen
Revision enthält zum Thema der rotierenden Aufgabenzuteilung von Revisoren mit
dem Zusatz „soweit möglich" eine Einschränkung, die wohl in erster Linie für kleinere
Unternehmen gilt. Im Umkehrschluss bedeutet dies, dass ab einer gewissen Unter-
nehmensgröße Rotation in der Internen Revision unerlässlich für die Objektivität von
Revisoren angesehen wird.

---

[310] Vgl. Eulerich/van Uum (2014), S. 137.
[311] Christopher et al. (2009), S. 206.
[312] Vgl. IIA (2013), S. 70.

Mit Rotation wird eine Steigerung der individuellen Objektivität angestrebt. Bei der Befragung zu Rotation und Objektivität in Revisionsabteilungen, bei der Mehrfachnennungen möglich waren, nannten 31,34 Prozent der Experten die Steigerung der Risikoorientierung, 57,14 Prozent die Steigerung der Objektivität, 40,00 Prozent die Stärkung der Unabhängigkeit und 65,71 Prozent sonstige Gründe.

57,14 Prozent aller Teilnehmer (siehe Abbildung 15) nennen das Kriterium der Steigerung der Objektivität als Merkmal für die Rotation, was darauf schließen lässt, dass Rotation als Instrument zur Steigerung der Objektivität nicht ausreichend genutzt wird. Führt man sich das Ergebnis unter Berücksichtigung einer Mehrfachnennung vor Augen, so ist kein eindeutiges Ergebnis zu Gunsten einer Steigerung der Objektivität durch Rotation erkennbar. Nicht unerwähnt bleiben sollen sonstige Gründe für eine Rotation. Hier sind beispielsweise die Steigerung des Know-hows, die Steigerung der Motivation sowie die Ausbildung von Fach- und Führungskräften genannt worden.

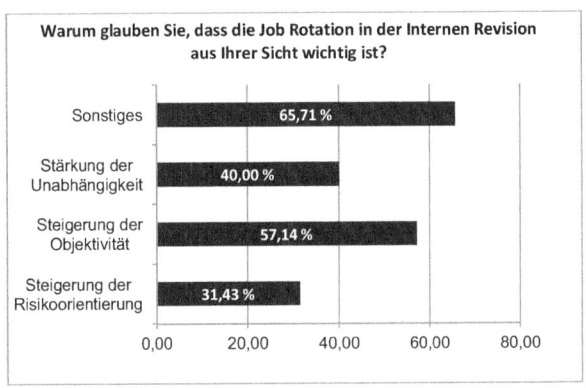

Abbildung 15: Gründe für die Rotation

Quelle: eigene Darstellung

Im Rahmen der Umfrage wurde auch nach möglichen Gründen gefragt, die gegen eine Rotation in der Internen Revision sprechen. 28,57 Prozent der Befragten gaben steigende Kosten, 31,43 Prozent fehlende spezifische Unternehmenskenntnisse, 22,86 Prozent die Verschlechterung der Qualität, 20,00 Prozent die fehlende spezifische Erfahrung vor Ort sowie 25,71 Prozent sonstige Gründe als Hemmnisse an.

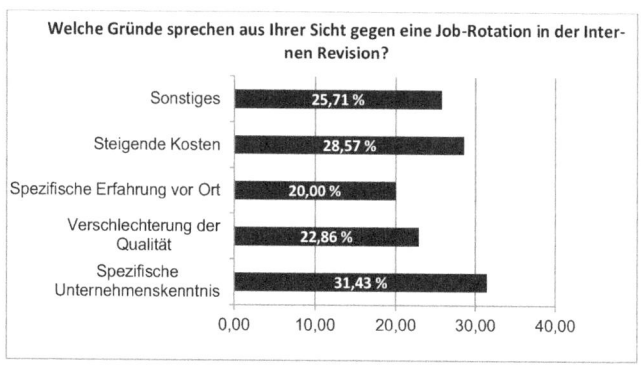

Abbildung 16: Gründe gegen eine Rotation

Quelle: eigene Darstellung

6.1.2 Statistisches Ergebnis

Unternehmen mit Rotation (R1) und Unternehmen mit fehlender Rotation (R0) werden mithilfe des Kruskal-Wallis-Tests verglichen.[313] Unter Berücksichtigung der kleinen Stichprobenanzahl und der nicht vorhandenen Normalverteilung bei Rotations-durchführung (Shapiro Wilk Test p=0,99) und Rotationsrelevanz (Shapiro Wilk Test p = 0,99) wird auf nicht-parametrische Tests zurückgegriffen. Die Auswertung zeigt folgende Ergebnisse auf:

- Die Anzahl der Internen Revisoren in einer Revisionsabteilung und die Durchfüh-rung der internen Rotation korrelieren positiv. Dies ist anhand einer Signifikanz[314] und mittleren Korrelation[315] erkennbar (pbis[316] coef=0,3987, p=0,0177). Der Gruppenvergleich rotierender und nicht rotierender Unternehmen mithilfe des Medians ergibt, dass rotierende Unternehmen einen größeren Median im Hinblick auf die Größe der Revisionsabteilung besitzen (Md r = 50 im Vergleich zu Md nr= 5,5). Dies wird durch den Mann-Whitney-Test p=0,0019 untermauert, welcher den signifikanten Unterschied belegt.
- Die Mitarbeiteranzahl sowie die Durchführung der internen Rotation korrelieren positiv. Die Untersuchung mittels der punktbiserialen Korrelation ergibt eine schwache Korrelation mit einer knapp vorhandenen Signifikanz (pbis coef =

---

[313] Vgl. Bortz/Lienert (1998), S. 148.

[314] Die Signifikanz wird nach ihrer Höhe in sogenannte Signifikanzniveaus unterteilt. Bei p<0,001 spricht man von hohem, bei p<0,01 von mittlerem und p<0,05 von einen niedrigem Signifikanz-niveau.

[315] Die Korrelation wird nach Brosius (2011) interpretiert. Demnach liegt bei 1 eine perfekte, bei 0,8 < r < 1 eine sehr starke, bei 0,6, < r < 0,8 eine starke, bei 0,4 < r < 0,6 eine mittlere, bei 0,2 < r < 0,4 eine schwache, bei 0 < r 0,2 eine sehr schwache und bei 0 keine Korrelation vor.

[316] Pbis = Punktbiseriales r

0,3297, p= 0,0531). Der Medianvergleich weist bei rotierenden Unternehmen und der Anzahl der Mitarbeiter im Vergleich zu nicht rotierenden Unternehmen und deren Mitarbeiterzahl einen deutlich höheren Median auf (Md r = 63.500 sowie Md nr = 1.650). Nach dem Mann-Whitney-Test sind die Gruppen bei p=0,004 signifikant unterschiedlich.

■ Die Einschätzung der Relevanz der Rotation und die Anzahl der Mitarbeiter in der Internen Revision korrelieren nach Spearman signifikant (spearman rho=0.4283, p= 0.0103). Überprüft man dieses Ergebnis aber mit dem Kruskal-Wallis-Test (p=0,3611), so lässt sich kein signifikantes Ergebnis feststellen.

■ Die Anzahl der Mitarbeiter in einem Unternehmen und die Einschätzung der Relevanz der Rotation korrelieren schwach und nicht signifikant (spearman rho=0.2254 p=0.1930). Überprüft man dieses Ergebnis mithilfe des Kruskal-Wallis-Tests (p=0,059), so lässt sich auch aufgrund der sehr knappen bzw. nicht vorhandenen Signifikanz keine klare Tendenz erkennen.

Bei beiden Ergebnissen kann man aufgrund des mittleren und schwachen statistischen Zusammenhangs nach Spearman vermuten, dass die notwendige Relevanz der Rotation nur unzureichend erkannt wird. Die relativ kleine Stichprobenanzahl führt in Bezug auf die Signifikanz und Korrelation der Mitarbeiteranzahl nicht zu trennscharfen Ergebnissen. Es ist kein eindeutiger Zusammenhang zwischen der Einschätzung der Relevanz der Rotation und der Anzahl der Revisoren in einer Internen Revision erkennbar, das Gleiche gilt auch für die Anzahl der Mitarbeiter im Unternehmen.

■ Die Einschätzung der Relevanz der Rotation und eine vorhandene Rotation weisen einen mittleren Zusammenhang (Cramers V: V=0,5276 pr=0,045) auf,[317] der den Schluss zulässt dass die Notwendigkeit der Rotation nur unzureichend erkannt wird, selbst dann, wenn sie angewandt wird.

6.1.3 Interpretation der Ergebnisse

Die Ergebnisse der Vorstudie zeigen, dass Rotation von 77 Prozent der Befragten als nicht zwingend oder nicht erforderlich angesehen wird, 60 Prozent der Unternehmen wenden das Instrument nicht an. 43 Prozent der Befragten gaben als Begründung für Rotation nicht Objektivität, sondern andere Gründe an.

Darüber hinaus werden die deskriptiven Zusammenhänge statistisch bestätigt. So korrelieren die Einschätzung der Relevanz der Rotation und die Anzahl der Mitarbeiter nicht, das Gleiche gilt für die Einschätzung der Relevanz und der Anzahl der Revisoren in einem Unternehmen. Ein mittlerer Zusammenhang (Cramers V: V=0,5276 pr=0,045) zwischen der Relevanz und dem Vorhandensein einer Rotation ist zwar gegeben, es kann aber aufgrund der Stärke daraus geschlossen werden, dass der Nutzen der Rotation in einem Unternehmen nicht voll erkannt wird. Das Ergebnis der Vorstudie lässt den Schluss zu, dass das Instrument der Rotation in der Praxis noch

---

[317] Nach Cleff (2008), S. 92. ist bei V > 0,5 ein starker Zusammenhang, bei V = 0,4 bis 0,5 von einem mittleren Zusammenhang und bei V = 0,1 bis 0,3 ein schwacher Zusammenhang gegeben.

nicht angekommen ist. Sowohl in der Wissenschaft als auch in der Praxis sind sehr wenige empirische Befunde darüber bekannt.

Hinweise für die organisatorische Ausgestaltung der Internen Revision liefert der Berufsstandard für die berufliche Praxis 1110. Demnach muss der Leiter der Internen Revision eine sachgerechte Durchführung der Aufgaben der Internen Revision sicherstellen. Nach den praktischen Ratschlag Nr. 1120-1 Tz. 2 ist – soweit möglich – die Objektivität durch ein Rotationsprogramm abzusichern. Daraus kann geschlossen werden, dass der Berufsstand von einer positiven Wirkung der Rotation ausgeht. In der Vorgabe ist auch die Unternehmensgröße thematisiert. Kleinere Unternehmen mit kleinen Revisionsabteilungen werden im Vergleich zu größeren Unternehmen organisatorisch nur begrenzte Möglichkeiten haben, eine Rotation durchzuführen. Vor allem bei Ein-Mann-Revisionen ist die Umsetzung der Rotation nicht möglich. Dagegen sind größere Revisionsabteilungen sehr wohl in der Lage, eine Rotation im Sinne der Standards umzusetzen. In der Hauptstudie wird die Effektivität der Rotation zur Steigerung der Objektivität von Revisionsleitern in einem internationalen Unternehmen näher betrachtet.

6.2 Hauptstudie

Ausgehend von den bisher gewonnenen praktischen und theoretischen Erkenntnissen wird die interne Rotation als Instrument zur Steigerung der Objektivität dezentraler Revisionsleiter mithilfe ausgewählter Regressionsmodelle untersucht.

6.2.1 Deskriptive Ergebnisse

Die in Tabelle 13 aufgeführten deskriptiven Werte ergeben sich aus der Auswertung von 5.475 Beobachtungen abhängiger und unabhängiger Variablen sowie Kontrollvariablen. Die abhängige Variable RN stellt die absolute prozentuale Risikoniveauveränderung dar, die unabhängige Variable R die Rotation bzw. Nicht-Rotation, während alle weiteren Variablen als Kontrollvariablen anzusehen sind.

Tabelle 13: Deskriptive Statistik

Variable	YEAR	Min	Max	M	Variance	SD	CV
RN	2010	0	900	18.3312	2476.918	49.76865	2.714969
R	2010	0	1	.6813266	.2172773	.4661301	.6841508
A	2010	0	1	.6503244	.2275666	.4770394	.7335407
E	2010	0	1	.627974	.2337912	.4835196	.7699675
N	2010	0	1	.1751983	.1446081	.3802737	2.170533
F	2010	0	1	.3439077	.225798	.4751821	1.381714
RN	2011	0	500	15.68145	1791.214	42.32274	2.698905
R	2011	0	1	.2369131	.1808829	.4253033	1.795187
A	2011	0	1	.7441986	.1904698	.4364285	.5864409
E	2011	0	1	.6362655	.2315567	.4812034	.7562933
N	2011	0	1	.1300594	.113205	.3364595	2.586969
F	2011	0	1	.3685915	.2328575	.4825531	1.309181
RN	2012	0	400	6.802837	528.0926	22.98027	3.378041
R	2012	0	1	.0263982	.0257128	.1603523	6.074361
A	2012	0	1	.7328859	.1958518	.4425514	.6038477
E	2012	0	1	.5659955	.2457545	.4957364	.8758662
N	2012	0	1	.1364653	.1178953	.3433588	2.516089
F	2012	0	1	.3771812	.2350207	.4847893	1.285296
RN	total	0	900	12.7283	1473.926	38.39174	3.016251
R	total	0	1	.2635616	.1941324	.4406045	1.671732
A	total	0	1	.7157991	.2034679	.4510742	.6301687
E	total	0	1	.6054795	.2389177	.4887921	.8072811
N	total	0	1	.1441096	.1233645	.3512329	2.437262
F	total	0	1	.3658447	.2320448	.4817102	1.316707

Quelle: eigene Darstellung

Um ein Indiz für die linearen Zusammenhänge der einzelnen Variablen zu erhalten, werden in Tabelle 14 die Korrelationen nach Pearson aufgezeigt.[318] Die bivariate Korrelationsanalyse der unabhängigen Variablen zeigt, dass diese hoch signifikant korrelieren. Es könnte somit ein Problem von Multikollinearität vorliegen und das Ergebnis verzerrt werden.

---

[318] Vgl. Hill et al. 2011), S. 661.

Tabelle 14: Pearson-Korrelationsmatrix

	RN	R	A	E	N	F
RN	1.0000					
R	0.0838***	1.0000				
	0.0000					
A	0.0786***	-0.0523***	1.0000			
	0.0000	0.0001				
E	0.0757***	-0.1007***	0.6439***	1.0000		
	0.0000	0.0000	0.0000			
N	0.0471***	0.1594***	0.2586***	0.3312***	1.0000	
	0.0005	0.0000	0.0000	0.0000		
F	0.0543***	-0.0628***	0.0423**	0.0591***	-0.0169	1.0000
	0.0001	0.0000	0.0018	0.0000	0.2112	

Quelle: eigene Darstellung

*** Korrelation auf Basis eines Signifikanzniveaus von $p < 0,001$

** Korrelation auf Basis eines Signifikanzniveaus von $p < 0,01$

* Korrelation auf Basis eines Signifikanzniveaus von $p < 0,05$

Variablendefinitionen:

RN   = prozentueller Risikoniveauunterschied von Gesamtrisikoscores

R   = Dummy Variable Rotation (Rotation = 1 Nicht-Rotation = 0)

A   = Revisionserfahrung

E   = kaufmännische oder technische Ausbildung

N   = Rotationserfahrung

F   = kaufmännische oder technische Prüfungsfelder

Die Daten werden weiter mithilfe des Mean-VIF-Tests überprüft, um auszuschließen, dass es durch eine Multikollinearität zu verzerrten Ergebnissen kommt. Aus Tabelle 15 ist jedoch zu entnehmen, dass keine nennenswerte Multikollinearität bei einem Variance Inflation Factor (VIF) in Höhe von 1,36 festgestellt werden kann.[319] Dies wäre dann der Fall, wenn der Wert des Faktors über 4 liegen würde.[320]

---

[319] Vgl. Backhaus et al. (2011), S. 102.
[320] Vgl. O´Brien (2007), S. 684.

Tabelle 15: Variance Inflation Factor

Variable	VIF	1/VIF
R	1.06	0.945701
A	1.72	0.583051
E	1.83	0.545475
N	1.18	0.848943
F	1.01	0.992419
Mean VIF	1.36	

Quelle: eigene Darstellung

Durch eine Heteroskedastizität könnten die geschätzten Parameter fehlerhaft sein. Das Nicht- Vorhandensein der Heteroskedastizität stellt für bestimmte Modelle eine notwendige Bedingung dar. Dies gilt unter anderem für das Modell der Tobit-Regression.[321] Aus diesem Grund ist es notwendig, den Datensatz daraufhin zu testen. Das Ergebnis des White Tests (vgl. Tabelle 16) zeigt, dass keine Heteroskedastizität vorhanden und somit die Rahmenbedingung erfüllt ist.

Tabelle 16: White Test

White test for H0:	homoscedasticity	
against Ha:	unrestricted heteroskedasticity	
	chi2(8) =	10.09
	Prob > chi2 =	0.2589

Quelle: eigene Darstellung

Anhand der Analyse der Veränderungen und der Mittelwerte im Gruppenvergleich rotierender und nicht-rotierender Prüfungsfelder wird der Zusammenhang von Rotation und der Veränderungen der Gesamtrisikoscores aufgezeigt.

Analyse der Veränderungen

Insgesamt sind 16.120 Beobachtungen aus den Jahren 2009 bis 2012 untersucht worden. Die Beobachtungen stellen die bewerteten Gesamtrisikoscores der dezentralen Jahresprüfungsplanungen der Konzernrevision eines internationalen Unternehmens dar. Zur Ermittlung der abhängigen Variablen RN wurde ein prozentualer Risikoniveauunterschied der Werte des jeweiligen Jahres und des entsprechenden Vorjahres (2012 – 2011, 2011 – 2010, 2010 – 2009) durchgeführt, woraus sich 5.475 Beobachtungen von 24 dezentralen Revisionsleitern im Zeitraum von 2009 bis 2012 ergaben.

---

[321] Vgl. Wooldridge (2002), S. 533.

Um eine Antwort auf die Frage geben zu können, ob Rotation die Objektivität steigert, wurde eine Dummy-Variable U auf der Basis von RN ermittelt.

Von den 5.475 Beobachtungen sind 72,93 % keinen Veränderungen sowie 27,07 % Veränderungen zuzuordnen. Aus dem Gruppenvergleich der Veränderungen von R0 und R1 geht hervor, dass bei Rotation ein deutlicher Anstieg der Veränderungen vorhanden ist. Prüfungsfelder, die keiner Rotation unterliegen, verändern sich im Zeitverlauf um 22,35 %, während bei einer Rotation Veränderungen in Höhe von 40,26 % feststellbar sind. Somit ist ein Zusammenhang zwischen Rotation und steigenden Veränderungen erkennbar, wie Tabelle 17 veranschaulicht.

Tabelle 17: Analyse der Veränderungen

	R0	%	R1	%	gesamt	%
keine Veränderungen	3131	77.65	862	59.74	3993	72.93
Veränderungen	901	**22.35**	581	**40.26**	1482	27.07
gesamt	4032	73.64	1443	26.36	**5475**	100.00

Quelle: eigene Darstellung
R0 = Gruppe nicht-rotierender Revisionsleiter
R1 = Gruppe rotierender Revisionsleiter

Analyse der Mittelwerte

Beim Gruppenvergleich des absoluten Risikoniveauunterschieds zwischen R0 und R1 ist bei Rotation ein steigender Mittelwert im jeweiligen Jahr erkennbar (vgl. Tabelle 18). Steigende Mittelwerte sind mit steigenden Veränderungen der Gesamtrisikoscores gleichzusetzen. Daraus lässt sich ein Zusammenhang zwischen Rotation und der Steigerung der Veränderungen ableiten.

Tabelle 18: Analyse der Mittelwerte RN

Jahr	2010	2011	2012
M R0	16.63	15.40	6.64
M R1	19.13	16.59	12.98

Quelle: eigene Darstellung
R0 = Gruppe nicht-rotierender Revisionsleiter
R1 = Gruppe rotierender Revisionsleiter

Analyse der Vorzeichen von Gesamtrisikoscores

Um einen möglichen Einfluss des Vorsichtsprinzips von Revisionsleitern zu analysieren, ist es notwendig die Verteilung positiver und negativer Differenzen der Gesamtrisikoscores zu betrachten. Ein deutlicher Überhang an positiven Veränderungen würde eine Bewertung nach dem Vorsichtsprinzip stützen. Aus der Bewertung von Gesamtrisikoscores bei Rotation lässt sich aus Tabelle 19 kein Trend für einen Anstieg an positiven Bewertungen erkennen.

Tabelle 19: Analyse der Bewertungen

Vorzeichen	RO	R1
„negativ"	756	66
„null"	3748	234
„positiv"	612	59

RO   = Gruppe nicht- rotierender Revisionsleiter
R1   = Gruppe rotierender Revisionsleiter

Analyse der Mittelwerte der Differenzen der Gesamtrisikoscores

Um eine weitere Aussage über die Bewertungsrichtung zu erhalten, werden die Mittelwerte der Differenzen der Gesamtrisikoscores bei R0 und R1 ermittelt und mit einem T-Test unter-mauert. Betrachtet man in Tabelle 20 den Mittelwert R1, so zeigt sich ein negativer Mittelwert.

Tabelle 20: Analyse der Bewertungen

Variable	Obs	Mean	p -Wert	Std. Dev.	Min	Max
R1	350	-.278515	0.8940	39.56369	-140	180
RO	5116	-1.12588	0.0104	31.43712	-200	200

Ein negativer Mittelwert ist mit einer Verminderung der Gesamtrisikoscores bei Rotation gleichzusetzen. Daraus lässt sich ein Zusammenhang ableiten, dass eine Veränderung von Prüfungsfeldern unabhängig davon erfolgt, ob ein Gesamtrisiko-scores positiv oder negativ bewertet wird.

Revisionserfahrung und Rotation

Ein möglicher Einflussfaktor auf die Veränderungen und damit auf die Steigerung der individuellen Objektivität könnte die Revisionserfahrung des Revisionsleiters sein.

Tabelle 21 erfasst in der Spalte „Erfahrung" Prüfer mit unterschiedlicher Revisions-erfahrung, je höher die Ziffer, desto größer die zeitliche Erfahrung. Sie zeigt, dass 67,37 Prozent der Veränderungen bei Prüfern mit geringerem Erfahrungshorizont (2 und 3) zu finden sind. Das lässt den Schluss zu, dass im Rahmen der Risikoanalyse Revisionsleiter mit weniger Revisionserfahrung ihre Gesamtrisikoscores erheblich stärker anpassen.

Tabelle 21: Revisionserfahrung und Rotation

Erfahrung	Veränderung	%	keine Veränderung	%	Total
2	491	40.35	726	59.65	1217
3	730	27.02	1972	72.98	2702
4	218	17.08	1058	82.92	1276
5	43	15.36	237	84.64	280
Total	1482		3993		5475

Quelle: eigene Darstellung

Ausbildung und Rotation

Vergleicht man die Risikoanalyse der Gesamtrisikoscores von kaufmännischen und technischen Revisionsleitern (Tabelle 22), so ist bei ersteren eine größere Veränderung erkennbar.

Tabelle 22: Ausbildung und Rotation

Ausbildung	Veränderung	%	Keine Veränderung	%	Total
kaufmännisch	1051	31.70	2264	68.30	3315
technisch	431	19.95	1729	80.05	2160
gesamt	1482	27.07	3993	72.93	5475

Quelle: eigene Darstellung

Lerneffekt und Rotation

Beim Vergleich der Anzahl der Rotationen eines Revisionsleiters mit den Veränderungen (siehe Tabelle 23) wird deutlich, dass Revisionsleiter mit einer geringeren Anzahl an Rotationen (0 und 1) ihre Gesamtrisikoscores in der Risikoanalyse stärker verändern.

Tabelle 23: Veränderungen durch Rotationen

Anzahl Rotationen	Veränderung	%	keine Veränderung	%	Total
0	136	57.87	99	42.13	235
1	244	44.04	310	55.96	554
2	879	25.27	2599	74.72	3478
3	223	18.46	985	81.54	1208
gesamt	1482		3993		5475

Quelle: eigene Darstellung

Art der Prüfungsfelder und Rotation

Bei der Analyse der Veränderungen in kaufmännischen und technischen Prüfungsfeldern ist bei den technischen Prüfungsfeldern ein größerer Anstieg von 4,56 Prozent gegenüber den kaufmännischen Prüfungsfeldern ersichtlich (Tabelle 24).

Tabelle 24: Prüfungsfelder und Rotation

Prüfungsfelder	Veränderung	%	keine Veränderung	%	Total
kaufmännisch	882	25.40	2590	74.60	3472
technisch	600	29.96	1403	70.05	2003
gesamt	1482		3993		5475

Quelle: eigene Darstellung

Das Zwischenfazit der deskriptiven Analyse der abhängigen und unabhängigen Variablen zeigt folgende Zusammenhänge:

Der Mittelwertvergleich des absoluten Risikoniveauunterschieds ergibt, dass die Mittelwerte pro Jahr mit der Rotation steigen, was mit einer steigenden Veränderung von Gesamtrisikoscores und damit einer Steigerung der Objektivität gleichzusetzen ist.

Zudem geht aus dem Gruppenvergleich von R0 und R1 und deren Veränderungen hervor, dass bei Rotation ein deutlicher Anstieg der Veränderungen um insgesamt 17,91 Prozent vorhanden ist (vgl. Tabelle 17). Aus beiden Ergebnissen kann auf einen Zusammenhang zwischen Rotation und steigenden Veränderungen geschlossen werden.

Bei der Analyse der Kontrollvariablen sind weitere Zusammenhänge erkennbar. Rotation führt bei Revisionsleitern mit geringerer Revisionserfahrung zu einer stärken Veränderung von Gesamtrisikoscores im Vergleich zu Revisionsleitern mit großer Erfahrung. Ebenso ist bei einer Rotation von kaufmännischen Revisionsleitern im Vergleich zu technischen Revisionsleitern eine stärkere Veränderung zu beobachten (vgl. Tabelle 22).

Bei der Untersuchung der Anzahl der Rotationen eines Revisionsleiters wird deutlich, dass Revisionsleiter mit weniger Rotationen ihre Gesamtrisikoscores in der Risikoanalyse stärker verändern (vgl. Tabelle 21). Ferner ist bei Rotation eine um 4,56 Prozent stärkere Veränderung bei der Bewertung von technischen im Vergleich zu kaufmännischen Prüfungsfeldern zu beobachten (vgl. Tabelle 24).

6.2.2 Inferenzstatistische Ergebnisse

Zur Untersuchung der deskriptiven Zusammenhänge werden die in Kapitel 4.2 beschriebenen statistischen Modelle angewendet und mithilfe von Stata 12.0 ausgewertet.

6.2.2.1 Logistische Paneldatenregression

Zur Ermittlung des Chancenverhältnisses zwischen Rotation und Veränderungen wird auf eine logistische Paneldatenregression zurückgegriffen. Die Veränderungen (U) stellen im vorliegenden Modell die binär codierte abhängige Variable dar. Mithilfe der Odds Ratios (OR) wird das Ergebnis interpretiert.[322]

Tabelle 25: Logistische Paneldatenregression[323]

Abhängige Variable	Veränderungen [a]		95% CI
Unabhängige Variable	Odds Ratio	p-Werte	
Konstante	0.11***	0.000	[0.09; 0.13]
Rotation [b]	**2.49***	**0.000**	[2.13; 2.90]
Revisionserfahrung [c]	1.82***	0.000	[1.47; 2.25]
Ausbildung [d]	1.25 **	0.022	[1.03; 1.53]
Rotationserfahrung [e]	2.22***	0.000	[1.81; 2.73]
Prüfungsfelder [f]	1.33***	0.000	[1.16; 1.54]
chi²	330.92***		
N	5.475		

Anmerkungen:
***) signifikant auf einem Niveau von p < 0,001
**) signifikant auf einem Niveau von p < 0,01
*) signifikant auf einem Niveau von p < 0,05
[a] Veränderungen = Dummy Variable bei Veränderungen = 1, bei keinen Veränderung = 0
[b] Rotation = Dummy Variable bei Rotation = 1, bei keiner Nicht-Rotation = 0
[c] Revisionserfahrung = Dummy Variable bei kleiner Erfahrung < 4 = 1, bei großer Erfahrung > 4 = 0
[d] Ausbildung = Dummy Variable bei kaufmännischer Ausbildung = 1, bei technischer Ausbildung = 0
[e] Rotationserfahrung = Dummy Variable bei Rotation von 0 bis 1 = 1 und von 2 bis 3 = 0
[f] Prüfungsfelder = Dummy Variable bei kaufmännischen Prüfungsfeldern = 1, bei technischen = 0

Die signifikanten Ergebnisse der logistischen Paneldatenregression[324] (F-Test p < 0,05) zeigen ein 2,49fach höheres Chancenverhältnis der Veränderung von Gesamtrisiko-scores bei Rotation im Vergleich zur Nicht-Rotation auf. Das Ergebnis untermauert die

---

[322] Vgl. Kohler/Kreuter (2008), S. 274 f.; Gujarati (2003), S. 596; Best/Wolf (2010), S. 79.
[323] Im Rahmen der Auswertung wurde zwischen dem Fixed-Effects-Modell und dem Random-Effects-Modell ab gewogen. Der Hausman-Test empfiehlt die Anwendung des FE-Modells. Da jedoch bei der Auswertung der Stichprobe mittels des FE-Modells eine sehr hohe Anzahl an Beobachtungen eliminiert wurde, kommt das RE Modell zur Anwendung.
[324] Vgl. dazu Tabelle 24

Hypothese H_1 und legt den Schluss nahe, dass durch Rotation die Objektivität von Revisionsleitern gesteigert werden kann.

6.2.2.2 Tobit-Regressionsmodell

Um den Einfluss der Rotation auf die Veränderung der Gesamtrisikoscores zu analysieren, wird wegen der Linkszensierung ein Tobit-Regressionsmodell angewendet und eine Schätzung der marginalen Effekte (ME) vorgenommen.

Tabelle 26: Gepoolte Tobit-Regression

Abhängige Variable	Risikoniveau[a]		95% CI
Unabhängige Variable	Koeffizient	p-Werte	
Konstante	-111.38	0.000	[-120.60;-102.16]
Rotation[b]	40.02***	0.000	[32.84;47.20]
Revisionserfahrung[c]	24.83***	0.000	[15.05;34.61]
Ausbildung[d]	14.49***	0.000	[5.48;23.51]
Rotationserfahrung[e]	20.09**	0.002	[13.16;31.02]
Prüfungsfelder[f]	16.14***	0.000	[9.06;22.73]
Beobachtungen:	3993		left-censored observations at RN <=0
	1482		uncensored observations
	0		right-consored observations
Pseudo R²	0.014***		
N	5475		

Anmerkungen:

***[)]	signifikant auf einem Niveau von p < 0,001	
**[)]	signifikant auf einem Niveau von p < 0,01	
*[)]	signifikant auf einem Niveau von p < 0,05	
a	Risikoniveau RN = |[GR$_t$/GR$_{t-1}$]-1	
b	Rotation = Dummy Variable bei Rotation = 1, bei keiner Nicht-Rotation = 0	
c	Revisionserfahrung = Dummy Variable bei kleiner Erfahrung < 4 = 1, bei großer Erfahrung > 4 = 0	
d	Ausbildung = Dummy Variable bei kaufmännischer Ausbildung = 1, bei technischer Ausbildung = 0	
e	Rotationserfahrung = Dummy Variable von 0 bis 1 = 1 und von 2 bis 3 = 00	
f	Prüfungsfelder = Dummy Variable bei kaufmännischen Prüfungsfeldern = 1, bei technischen = 0	

Tabelle 27: Marginale Effekte der Tobit-Regression

Abhängige Variable	Risikoniveaua		95% CI
Unabhängige Variable	Koeffizient	p-Werte	
Rotationb	10.14***	0.000	[3.54; 7.87]
Revisionserfahrungc	3.41 **	0.022	[1.31; 5.51]
Ausbildungd	5.53***	0.000	[3.18; 7.87]
Rotationserfahrunge	3.89***	0.000	[2.28; 5.50]
LR (5)	302.211***		
McKelvey & Zavoina R2	0.084		
N	5.475		

Anmerkungen:
***) signifikant auf einem Niveau von p < 0,001
**) signifikant auf einem Niveau von p < 0,01
*) signifikant auf einem Niveau von p < 0,05
a Risikoniveau RN = $|[GR_t/GR_{t-1}]-1$
b Rotation = Dummy Variable bei Rotation = 1, bei keiner Nicht-Rotation = 0
c Revisionserfahrung = Dummy Variable bei kleiner Erfahrung < 4 = 1, bei großer Erfahrung > 4 = 0
d Ausbildung = Dummy Variable bei kaufmännischer Ausbildung = 1, bei technischer Ausbildung = 0
e Rotationserfahrung = Dummy Variable bei Rotation von 0 bis 1 = 1 und von 2 bis 3 = 0
d Prüfungsfelder = Dummy Variable bei kaufmännischen Prüfungsfeldern = 1, bei technischen = 0

Die Schätzung der durchschnittlichen marginalen Effekte zeigt bei Rotation (R) einen hoch signifikanten Wert. Die Wahrscheinlichkeit einer Veränderung steigt ceteris paribus bei Rotation um 10,14 Prozent. Das Ergebnis untermauert die Hypothese H_1 und legt den Schluss nahe, dass Rotation eine Steigerung der Wahrscheinlichkeit der Objektivität bewirkt.

Modellgüte der Tobit-Regression

Für die Bestimmung der Modellgüte werden sogenannte Pseudo-Bestimmtheitsmaße (Pseudo-R^2) angewendet, die sich wesentlich von den traditionellen R^2 unterscheiden. Nach Veall und Zimmermann (1994 & 1996) sind letztere bei Tobit-Modellen nicht valide,[325] deshalb empfehlen sie die Anwendung nach McKelvey & Zavoina R^2

---

[325] Vgl. Veall/Zimmermann (1994), S. 485.

(R^2_{MZ1}), vergleichbar mit dem R^2 der OLS-Regression[326]. Nach McKelvey & Zavoina[327] wird R^2_{MZ1} wie folgt berechnet:

$$R^2_{MZ1} = \frac{\widehat{Var}\,\widehat{(y*)}}{\widehat{Var}(y*)} = \frac{\widehat{Var}\,\widehat{(y*)}}{\widehat{Var}\,\widehat{(y*)} + Var(\varepsilon)} \tag{5}$$

Die Güte der Modellanpassung ergibt sich aus Tabelle 26. Die Güte des Tobit-Modells liegt bei 8,4 Prozent. Es werden somit 8,4 Prozent der Varianzen von RN erklärt. Der Log Likelihood Ratio beträgt 302,211 und ist mit p < 0,001 hoch signifikant.

Tabelle 28: Modellgüte Tobit-Regression

Log LiK Intercept Only	-10587.187	Log Lik Full Modell	-10436.081
D(5468)	20872.163	LR(5)	302.211
		Prob > LR	0.000
McFadden´s R^2	0.014	McFadden´s Adj R^2	0,014
ML (Cox Snell) R^2	0.054	Cragg-Uhler (Nagelkerke) R^2	0.055
McKelvey & Zavoina´s R^2	**0.084**		
Variance of y*	9369.593	Variance of error	8586.378
AIC	3.815	AIC*n	20886.186
BIC	-26196.095	BIC´	-259.171
BIC used by STATA	20932.418	AIC used by STATA	20886.163

Quelle: eigene Darstellung

Analyse weiterer Einflussfaktoren auf die Veränderungen

Die Höhe der abhängigen Variablen RN ist abhängig von den Teilrisikoscores Schadensausmaß, Internes Kontrollsystem, Investitionen und Hinweise. Um den Einfluss auf die Veränderungen bei vorhandener Rotation zu analysieren, sind die Teilrisikoscores als Variablen in das Tobit-Regressionsmodell mit aufgenommen worden. Die Abschätzung der Wahrscheinlichkeiten erfolgt über marginale Effekte.

Aus Tabelle 29 lässt sich erkennen, dass die Wahrscheinlichkeit einer Veränderung ceteris paribus bei der Bewertung des Teilrisikoscores Internes Kontrollsystem (IKS) um 5,24 Prozent am höchsten steigt.

---

[326] Vgl. ebda., S. 498.
[327] Vgl. McKelvey/Zavoina (1975)

Tabelle 29: Analyse der Veränderungen bezüglich der Teilrisikoscores

Abhängige Variable	Risikoniveau[a]		95% CI
Unabhängige Variable	Koeffizient	p-Werte	
Rotation[b]	7.21***	0.000	[5.46; 8.95]
Revisionserfahrung[c]	9.46***	0.000	[7.48; 11.43]
Ausbildung[d]	2.90**	0.004	[.91;4.90]
Rotationserfahrung[e]	-2.30*	0.023	[-4.28; -.32]
Schadensausmaß[f]	.82**	0.004	[.076; 3.75]
Internes Kontrollsystem[g]	**5.24***	**0.000**	[4.16; 6.31]
Investitionen[h]	1.72***	0.000	[.91; 2.52]
Hinweise[i]	3.00***	0.000	[2.20;3.80]
N	**5475**		

Anmerkungen:

***) signifikant auf einem Niveau von p < 0,001
**) signifikant auf einem Niveau von p < 0,01
*) signifikant auf einem Niveau von p < 0,05

[a] Risikoniveau RN = |[GR_t/GR_{t-1}]-1|
[b] Rotation = Dummy Variable bei Rotation = 1, bei keiner Nicht-Rotation = 0
[c] Revisionserfahrung = Dummy Variable bei kleiner Erfahrung < 4 = 1, bei großer Erfahrung > 4 = 0
[d] Ausbildung = Dummy Variable bei kaufmännischer Ausbildung = 1, bei technischer Ausbildung = 0
[e] Rotationserfahrung = Dummy Variable bei Rotation von 0 bis 1 = 1 und von 2 bis 3 = 0
[d] Prüfungsfelder = Dummy Variable bei kaufmännischen Prüfungsfeldern = 1, bei technischen = 0
[f] Schadensausmaß: bewertet zwischen 1 bis 4
[g] Internes Kontrollsystem: bewertet zwischen 0 bis 4
[h] Investitionen: bewertet zwischen 1 bis 4
[i] Hinweise: bewertet zwischen 1 bis 4

Zur weiteren Analyse der Veränderungen wird der Interaktionseffekt zwischen Rotation und Internes Kontrollsystem mithilfe von marginalen Effekten betrachtet. Aus Tabelle 30 ist ersichtlich, dass die Bewertung mit dem Wert 4 die höchste Wahrscheinlichkeit aufweist, gefolgt von den Werten 2, 3 und 1.

Tabelle 30: Analyse des Teilrisikoscores IKS

Abhängige Variable	Risikoniveau[a]		95% CI
Unabhängige Variable	Koeffizient	p-Werte	
Rotation[b]			
Internes Kontrollsystem[c]			
0	.88	0.797	[-5.83; 7.58]
1	7.49**	0.001	[2.92; 12.05]
2	10.10***	0.000	[7.09; 13.12]
3	9.22***	0.000	[4.24; 14.19]
4	19.42**	0.002	[7.12; 31.72]
N	5475		

Anmerkungen:
***[)]   signifikant auf einem Niveau von $p < 0,001$
**[)]   signifikant auf einem Niveau von $p < 0,01$
*[)]   signifikant auf einem Niveau von $p < 0,05$
[a]   Risikoniveau $RN = |[GR_t/GR_{t-1}]-1|$
[b]   Rotation   = Dummy Variable bei Rotation = 1, bei keiner Nicht-Rotation = 0
[c]   Internes Kontrollsystem: bewertet zwischen 0 bis 4

6.2.2.3   Analyse des zeitverzögerten Effekts

Ein Rotationseffekt könnte verzögert im Zeitverlauf auftreten. Für die Analyse möglicher zeitverzögerter Effekte der Rotation werden zusätzliche Jahresvariablen in die
logistische Paneldatenregression aufgenommen. L.R stellt das Jahr 2011 und L2.R das
Jahr 2010 dar.[328] Die Auswertung der Odds Ratios zeigt keinen signifikanten Einfluss
der Rotation auf das Folgejahr 2011 (vgl. Tabelle 31).

---

[328]   Mit dem Befehl L vor einer Variablen erzeugt man eine Jahresvariable [n-1], mit dem Befehl L2
eine Jahresvariable [n-2]. Mit der Aufnahme der Jahresvariablen lässt sich der Einfluss über die
Zeit kontrollieren. Vgl. hierzu auch http://www.stata.com/help.cgi?tsvarlist

Tabelle 31: Logistische Paneldatenregression und zeitverzögerter Effekt

Abhängige Variable	Veränderungen[a]		95% CI
Unabhängige Variable	Odds Ratio	p-Werte	
Konstante	.07***	0.000	[.04; .11]
Rotation[b]	3.33e-10**	0.002	0
Revisionserfahrung[c]	2.21	0.201	[1.32; 3.69]
Ausbildung[d]	.69**	0.004	[.39; 1.22]
Rotationserfahrung[e]	1.79***	0.000	[1.20; 2.67]
Prüfungsfelder[f]	1.69**	0.002	[1.26; 2.27]
Rotation L[g]	.69	0.098	[.43; 1.07]
Rotation L2[h]	3.09***	0.000	[2.10; 4.55]
chi²	75.51***		
N	5.475		

Anmerkungen:
***) signifikant auf einem Niveau von $p < 0,001$
**) signifikant auf einem Niveau von $p < 0,01$
*) signifikant auf einem Niveau von $p < 0,05$
a Veränderungen = Dummy Variable bei Veränderungen = 1, bei keinen Veränderung = 0
b Rotation = Dummy Variable bei Rotation = 1, bei keiner Nicht-Rotation = 0
c Revisionserfahrung = Dummy Variable bei kleiner Erfahrung < 4 = 1, bei großer Erfahrung > 4 = 0
d Ausbildung = Dummy Variable bei kaufmännischer Ausbildung = 1, bei technischer Ausbildung = 0
e Rotationserfahrung = Dummy Variable bei Rotation von 0 bis 1 = 1 und von 2 bis 3 = 0
f Prüfungsfelder = Dummy Variable bei kaufmännischen Prüfungsfeldern = 1, bei technischen = 0
g Rotation L misst den Effekt unter Berücksichtigung von n-1
h Rotation L2 misst den Effekt unter Berücksichtigung von n-2

6.2.2.4 Analyse von Interaktionseffekten

Neben den direkt messbaren Effekten können weitere Einflüsse (H_{1a}, H_{1b}, H_{1c}) vorhanden sein. Um diese Einflüsse zu untersuchen, werden durch Multiplikation der unabhängigen Variablen Rotation (R) und einer Kontrollvariablen A, E oder N Interaktionsterme gebildet und in das Tobit-Regressionsmodell mit aufgenommen.[329]

---

[329] Vgl. Kohler/Kreuter (2008), S. 296.

Tabelle 32: Erläuterung der Kontrollvariablen

Kontrollvariable	Erläuterung
A	Revisionserfahrung
E	kaufmännische oder technische Ausbildung
N	Anzahl der Rotationen

Quelle: eigene Darstellung

Die Schätzung der Interaktionseffekte der Tobit-Regression erfolgt über die marginalen Effekte.

In den Tabellen 32 und 33 werden die einbezogenen Kontrollvariablen erläutert und ihre Codierung dargestellt, aus Tabelle 34 sind die Interaktionseffekte und deren marginale Effekte zu entnehmen.

Tabelle 33: Codierung der Kontrollvariablen[330]

Kontrollvariable	0	1
A	groß	klein
E	techn.	kaufm.
N	groß	klein

Quelle: eigene Darstellung

Tabelle 34: Interaktionseffekte

Interaktionseffekte	0	1
R#A	9,08***	10,66***
R#E	9,64***	10,59***
R#N	10,01***	11,55***

Quelle: eigene Darstellung
Variablendefinitionen:
R#A   = Interaktionsterm Rotation und Revisionserfahrung
R#E   = Interaktionsterm Rotation und Ausbildung
R#N   = Interaktionsterm Rotation und Rotationserfahrung

Aus den Interaktionstermen und deren marginalen Effekten werden signifikante Ergebnisse ceteris paribus abgeleitet. Eine Rotation führt bei Revisionsleitern mit

---

[330] Unter einer kleinen Revisionserfahrung wird eine zwei- oder dreijährige Erfahrung verstanden, unter einer großen eine vier- oder fünfjährige. Eine kleine Rotationserfahrung beschreibt keine oder eine einmalige Rotation, eine zwei- oder dreimalige Rotation eine große Erfahrung.

geringerer Revisionserfahrung zu einem Anstieg der abhängigen Variablen auf 10,66 Prozent, bei Revisionsleitern mit größerer Revisionserfahrung auf 9,08 Prozent. Das Ergebnis legt den Schluss nahe, dass Rotation dezentraler Revisionsleiter mit einer kleinen Revisionserfahrung eine stärkere Steigerung der Objektivität bewirken kann. Dadurch wird Hypothese H_{1a} untermauert.

Bei Revisionsleitern mit kaufmännischer Ausbildung ergibt sich durch Rotation eine Steigerung der abhängigen Variablen auf 10,59 Prozent, während sie bei technisch ausgebildeten Revisionsleitern 9,64 Prozent beträgt. Das Ergebnis deutet darauf hin, dass Rotation dezentraler Revisionsleiter mit einer kaufmännischen Ausbildung eine stärkere Steigerung der Objektivität bewirken kann. Dadurch wird Hypothese H_{1b} gestützt.

Rotation führt bei Revisionsleitern mit kleiner Rotationserfahrung zu einem Anstieg der abhängigen Variablen auf 11,55 Prozent, bei Revisionsleitern mit großer Rotationserfahrung auf 10,01 Prozent. Das Ergebnis legt den Schluss nahe, dass Rotation dezentraler Revisionsleiter mit einer kleinen Rotationserfahrung eine stärkere Steigerung der Objektivität bewirken kann. Dadurch wird Hypothese H_{1c} erhärtet.

Zusammenfassend zeigen die Ergebnisse, dass eine Rotation bei Revisionsleitern mit einer kleinen Revisionserfahrung, einer kaufmännischen Ausbildung und einer kleinen Rotationserfahrung eine leicht höhere Steigerung der Veränderungen bewirken kann als bei Revisionsleitern mit einer großen Revisionserfahrung, einer großen Rotationserfahrung oder einer technischen Ausbildung.

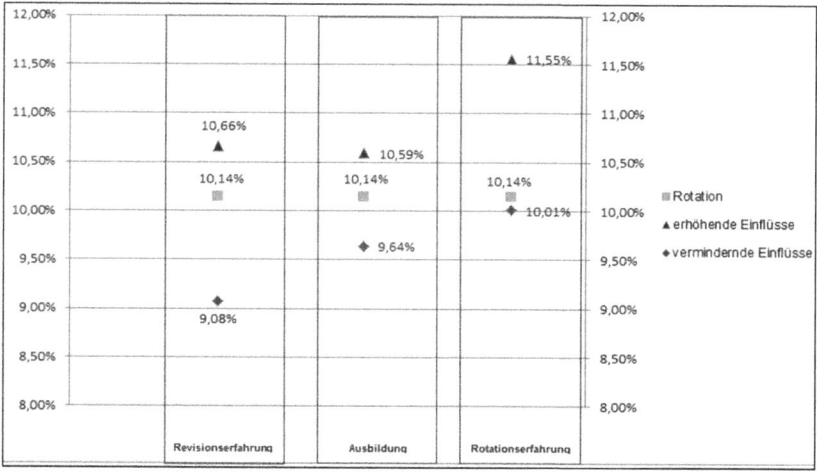

Abbildung 17: Interaktionseffekte

Quelle: eigene Darstellung

6.2.3 Sensivitätsanalyse

Um die Ergebnisse hinsichtlich ihrer Empfindlichkeit abzusichern, werden sie mithilfe ausgewählter Sensitätsanalysen untersucht. Dabei steht die Frage im Fokus, ob die Effektivität der Rotation bestehen bleibt.

6.2.3.1   Sensitivität der logistischen Paneldatenregression

Das Ergebnis der logistischen Paneldatenregression wird durch die Probit-Paneldatenregression und deren marginalen Effekte abgesichert. Aus Tabelle 35 ergeben sich die unterschiedlichen Wahrscheinlichkeiten der Modelle.

Tabelle 35: Vergleich der Effekte der logistischen und Probit-Paneldatenregression[331]

Variable	Effekte xtlogit			Effekte xtprobit		
	Coeff	Std. Err.	P>|z|	Coeff	Std. Err.	P>|z|
1.R	**.9145029*****	.0761626	**0.000**	**.541307*****	.0447936	**0.000**
1.A	.5981426***	.1083707	0.000	.3347926***	.0621779	0.000
1.E	.2310756*	.100708	0.022	.1412495*	.0587589	0.016
1.N	.7986303***	.1045962	0.000	.4824291***	.0620419	0.000
1.F	.2882023***	.0733418	0.000	.1718453***	.0428892	0.000

Quelle: eigene Darstellung

Die geschätzten Koeffizienten unterscheiden sich wegen unterschiedlicher Normalisierung der Varianz in beiden Modellen. Der Skalierungsfaktor der Koeffizienten wird nach Greene (1993) abgeleitet:[332]

$$\widehat{\beta} \text{ logit} \approx 1{,}6 \ \widehat{\beta} \text{ probit}$$

Die Effekte sowohl der logistischen Paneldatenregression als auch der Probit-Paneldaten-regression zeigen bei beiden Modellen den höchsten Einfluss der Rotation auf. Die Schätzung der Odds Ratios der logistischen Paneldatenregression (Random Effects) wird bestätigt.

Ferner werden die Kontrollvariablen in der logistischen Paneldatenregression mittels kategorialer Variablen berücksichtigt. Der Odds Ratio der Rotation vermindert sich um 0,19 auf 2,30 moderat, was auf ein stabiles Ergebnis schließen lässt.

---

[331]   Eine ausführliche Darstellung der Auswertung kann dem Anhang S.132 ff. entnommen werden.
[332]   Vgl. Brüderl (2000), S. 60; Greene (1993), S. 640.

Tabelle 36: Logistische Regression mit Erfahrungsbändern

Abhängige Variable	Veränderungen [a]		95% CI
Unabhängige Variable	Odds Ratio	p-Werte	
Konstante	1.24	1.187	[.90; 1.73]
Rotation [b]	2.30***	0.000	[1.98; 2.68]
Revisionserfahrung [c]	0.86***	0.010	[.76; .96]
Ausbildung [d]	.56 **	0.000	[.46; .68]
Rotationserfahrung [e]	2.22***	0.000	[.54; .67]
Prüfungsfelder [f]	1.33***	0.000	[1.17; 1.56]
chi²	366.20***		
N	5.475		

Anmerkungen:
***) signifikant auf einem Niveau von p < 0,001
**) signifikant auf einem Niveau von p < 0,01
*) signifikant auf einem Niveau von p < 0,05
[a] Veränderungen = Dummy Variable bei Veränderungen = 1, bei keinen Veränderung = 0
[b] Rotation = Dummy Variable bei Rotation = 1, bei keiner Nicht-Rotation = 0
[c] Revisionserfahrung = 2 bis 5
[d] Ausbildung = Dummy Variable bei kaufmännischer Ausbildung = 1, bei technischer Ausbildung = 0
[e] Rotationserfahrung = 0 bis 3
[f] Prüfungsfelder = Dummy Variable bei kaufmännischen Prüfungsfeldern = 1, bei technischen = 0

6.2.4.2 Sensitivität der Tobit-Regression

Das Ergebnis der gepoolten Tobit-Regressionsanalyse wird über die Fixed-Effects-Paneldatenregression und einer Tobit-Paneldatenregression abgesichert. Mithilfe eines Fixed-Effects-Modells[333] werden die individuellen Eigenschaften geschätzt.[334] Grundlage der Stichprobenanalyse ist folgendes Modell:

$$RN_{r,t} = \beta_0 + \beta_1 R_{r,t} + \beta_2 A_{r,t} + \beta_3 E_{r,t} + \beta_4 N_{r,t} + \beta_5 F_{r,t} + c_r + \varepsilon_r \qquad (6)$$

Die zu schätzenden Parameter β untersuchen den jeweiligen Wirkungszusammenhang auf die abhängige Variable $RN_{r,t}$.[335] Durch den festen Effekt c_r wird die unbeobachtete Heterogenität mit berücksichtigt.[336] Die Heterogenität trifft eine Aussage über die nicht

---

[333] Anhand des Hausman-Spezifikationstests wird untersucht, ob ein Random- oder Fixed-Effect-Modell vorliegt.
[334] Vgl. Hill et al. (2011), S. 547.
[335] Vgl. Kohler/Kreuter (2008), S. 189 ff.
[336] Vgl. Giesselmann/Windzio (2012), S. 108. ff.

beobachtbaren Eigenschaften des Modells. Weitere Parameter des Modells sind ε, das den Schätzfehler dargestellt, die jeweilige Zeitperiode t und die Querschnittseinheit r.

Hausman-Test

Abhängig vom Ergebnis des Koeffizientenvergleichs wird anhand des Spezifikationstests nach Hausman entschieden, welches Schätzmodell in das vorliegende Modell einfließt, um der unbeobachteten Heterogenität Rechnung zu tragen.[337] Im vorliegenden Fall wird die An-wendung des FE-Modells empfohlen.

White Test

Mithilfe des White Tests wird das Modell auf Heteroskedastizität untersucht. Dabei kann keine Heteroskedastizität (chi2(8) = 10.09; prob > chi2 = 0.2589) festgestellt werden.

Tabelle 37: Fixed-Effects-Paneldatenregresesion robust

Abhängige Variable	Risikoniveau [a]		95% CI
Unabhängige Variable	Koeffizient	p-Werte	
Konstante	4.02	0.182	[-1.89; 9.93]
Rotation [b]	**8.56***	0.063	[5.85; 11.26]
Revisionserfahrung [c]	6.28	0.854	[-.33; 12.89]
Ausbildung [d]	1.07**	0.001	[-10.31; 12.45]
Rotationserfahrung [e]	-5.09**	0.031	[-7.99; -2.19]
Prüfungsfelder [d]	5.59*	0.063	[.51; 10.66]
N	5475		
F (5,2419)	9.01***		

Anmerkungen:
***)   signifikant auf einem Niveau von p < 0,001
**)   signifikant auf einem Niveau von p < 0,01
*)   signifikant auf einem Niveau von p < 0,05
[a]   Risikoniveau RN = |[GR_t/GR_{t-1}]-1|
[b]   Rotation = Dummy Variable bei Rotation = 1, bei keiner Nicht-Rotation = 0
[c]   Revisionserfahrung = Dummy Variable bei kleiner Erfahrung < 4 = 1, bei großer Erfahrung > 4 = 0
[d]   Ausbildung = Dummy Variable bei kaufmännischer Ausbildung = 1, bei technischer Ausbildung = 0
[e]   Rotationserfahrung = Dummy Variable bei Rotation von 0 bis 1 = 1 und von 2 bis 3 = 0
[d]   Prüfungsfelder = Dummy Variable bei kaufmännischen Prüfungsfeldern = 1, bei technischen = 0

[337] Vgl. ebda., S. 108. ff. sowie Wooldridge (2002), 558 ff. und Hill et al. (2011), S. 464.

Ergebnisvergleich

Die marginalen Effekte der Tobit-Regressionsanalyse und die Ergebnisse der Fixed-Effects-Paneldatenregression werden in Tabelle 38 gegenübergestellt.

Tabelle 38: Gegenüberstellung Tobit/ME und FE Paneldatenregression

RN	ME Tobit-Regression		FE Paneldatenregression	
	dy/dx	P>|z|	Coeff	P>|z|
R	10.13685	0.000	8.55914	0.000
A	5.701808	0.000	6.276859	0.063
E	3.408741	0.001	1.066891	0.854
N	5.525797	0.000	-5.088643	0.001
F	3.888297	0.000	5.587473	0.031

Quelle: eigene Darstellung

Variablendefinitionen:

RN	= prozentueller Risikoniveauunterschied von Gesamtrisikoscores
R	= Dummy Variable Rotation (Rotation = 1, Nicht-Rotation = 0)
A	= Revisionserfahrung
E	= kaufmännische oder technische Ausbildung
N	= Rotationserfahrung
F	= kaufmännische oder technische Prüfungsfelder

Sensivitätsanalyse mittels Tobit-Paneldatenregression

Das Ergebnis der gepoolten Tobit-Regression wird darüber hinaus durch eine Tobit-Paneldatenregression abgesichert. In Tabelle 39 werden die Ergebnisse der gepoolten Tobit-Regression und der Tobit-Paneldatenregression gegenübergestellt.

Tabelle 39: Sensivitätsanalyse der marginalen Effekte

	ME Tobit-Regression		ME Tobit Paneldatenregression	
RN	dy/dx	P>|z|	Coeff	P>|z|
R	10.13685	0.000	10.09298	0.000
A	5.701808	0.000	5.659061	0.000
E	3.408741	0.001	3.437771	0.001
N	5.525797	0.000	5.552112	0.000
F	3.888297	0.000	3.867206	0.000

Quelle: eigene Darstellung

Variablendefinitionen:
RN   = prozentueller Risikoniveauunterschied von Gesamtrisikoscores
R   = Dummy Variable Rotation (Rotation = 1, Nicht-Rotation = 0)
A   = Revisionserfahrung
E   = kaufmännische oder technische Ausbildung
N   = Rotationserfahrung
F   = kaufmännische oder technische Prüfungsfelder

Die aufgezeigten Interaktionseffekte der gepoolten Tobit-Regression werden in Tabelle 40 mit den Ergebnissen der Tobit-Paneldatenregression verglichen.

Tabelle 40: Sensivitätsanalyse der Interaktionseffekte

Regressionsart	ME gepoolte Tobit-Regression		ME Tobit-Paneldatenregression	
Interaktionseffekte	0	1	0	1
R#A	9,08***	10,66***	9,05***	10,61***
R#E	9,64***	10,59***	9,59***	10,55***
R#N	10,01***	11,55***	9,96***	11,51***

Quelle: eigene Darstellung

Die Ergebnisse lassen darauf schließen, dass die Interaktionseffekte der gepoolten Tobit-Regression als robust angesehen werden können.

7 Diskussion

In diesem Kapitel werden die Ergebnisse der Vor- und Hauptstudie zusammengefasst und daraus theoretische und praktische Schlussfolgerungen gezogen, gefolgt von der Erörterung von Implikationen und Limitationen sowie weiterer Forschungsmöglichkeiten.

7.1 Zusammenfassung der Ergebnisse

Gegenstand der Studie ist die Forschungsfrage, ob Rotation ein effektives Instrument zur Steigerung der individuellen Objektivität von Internen Revisoren darstellt.

Um Ersterkenntnisse zum Thema Rotation in der Internen Revision zu erhalten, wurde 2012 anlässlich der Jahrestagung des Deutschen Instituts der Internen Revision eine Vorstudie in Form eines standardisierten Fragebogens durchgeführt. Dabei wurden insgesamt 35 Führungskräfte aus dem Bereich der Internen Revision befragt. Die Antworten zeigen, dass 77 Prozent der Befragten Rotation als nicht erforderlich oder nicht zwingend erforderlich ansehen. Die Frage nach der Anwendung der Rotation in ihren Unternehmen verneinten 60 Prozent. 57,14 Prozent sehen als Grund für eine Rotation die Steigerung der Objektivität an. Als Gründe, die gegen eine Rotation sprechen, nannten 31,43 Prozent der Befragten spezifische Unternehmenskenntnisse, die verloren gehen, 22,86 Prozent eine Verschlechterung der Qualität, 20,00 Prozent die fehlende spezifische Erfahrung vor Ort, 28,57 Prozent steigende Kosten und 25,71 Prozent sonstige Gründe. Die weitere statistische Analyse zeigt, dass die Einschätzung der Relevanz der Rotation und der vorhandenen Rotation einen mittleren Zusammenhang (Cramers V: V=0,5276 pr=0,045) aufweist. Das Ergebnis lässt den Schluss zu, dass die Notwendigkeit der Rotation in der Praxis unterschätzt wird.

Um die Forschungsfrage zu beantworten, wurde im Rahmen der Hauptstudie untersucht, ob und in welchem Maße eine Steigerung der Objektivität durch Rotation von dezentralen Revisionsleitern erreicht werden kann. Hierzu wurde Hypothese H_1 aufgestellt:

H_1 *Rotation dezentraler Revisionsleiter steigert die Objektivität Im Vergleich zu nichtrotierenden Revisionsleitern im Rahmen der Risikoanalyse.*

Grundlage der Hauptstudie sind die im Rahmen der Risikoanalyse bewerteten Gesamtrisikoscores an dezentralen Revisionsstandorten eines internationalen Konzerns aus den Jahren

2009 bis 2012. Aus der vorliegenden Datenbasis wurden die Risikoniveauunterschiede ermittelt, um mögliche Veränderungen der Gesamtrisikoscores (N=5.475) darzustellen. Weiterer Datenbestandteil sind sozio-ökonomische Daten von dezentralen Revisionsleitern. Die empirische Auswertung erfolgte mithilfe einer logistischen

Paneldatenregression sowie einer gepoolten Tobit-Regression. Zur Absicherung des Ergebnisses wurden ein Vergleich der marginalen Effekte der logistischen und Probit-Paneldatenregression sowie ein robustes Modell der Fixed-Effects-Paneldaten-regression und eine Tobit-Paneldatenregression angewandt.

Die Ergebnisse der Studie lassen einen Zusammenhang zwischen Rotation von Revisionsleitern und steigenden Veränderungen der Gesamtrisikoscores erkennen. Ebenso kann ein steigender Mittelwert bei Rotation identifiziert werden. Rotation von dezentralen Revisionsleitern führt zu einem 2,49fach höheren Chancenverhältnis der Veränderungen der Gesamtrisikoscores. Die weitere Abschätzung der Koeffizienten der Tobit-Regression mithilfe von marginalen Effekten zeigt ceteris paribus die Wahrscheinlichkeit einer Veränderung bei Rotation um 10,14 Prozent auf. Beide Ergebnisse untermauern die Hypothese H_1 und legen den Schluss nahe, dass Rotation eine Steigerung der Objektivität dezentraler Revisionsleiter im Rahmen der Risikoanalyse bewirkt.

Die Steigerung der Objektivität durch interne Rotation könnte durch verschiedene individuelle Determinanten dezentraler Revisionsleiter beeinflusst werden. Um diese näher zu betrachten, wurden folgende weitere Hypothesen aufgestellt:

H_{1a} *Rotation dezentraler Revisionsleiter mit einer kleinen Revisionserfahrung bewirkt eine stärkere Steigerung der Objektivität im Vergleich zu Revisionsleitern mit einer großen Revisionserfahrung.*

H_{1b} *Rotation dezentraler Revisionsleiter mit einer kaufmännischen Ausbildung bewirkt eine stärkere Steigerung der Objektivität im Vergleich zu Revisionsleitern mit einer technischen Ausbildung.*

H_{1c} *Rotation dezentraler Revisionsleiter mit einer kleinen Rotationserfahrung bewirkt eine stärkere Steigerung der Objektivität im Vergleich zu Revisionsleitern mit einer großen Rotationserfahrung.*

Die Ergebnisse der marginalen Effekte zeigen, dass Rotation von Revisionsleitern mit einer kleineren Rotationserfahrung und einer geringeren Revisionserfahrung eine leichte Steigerung der Veränderungen bewirkt. Sie deuten darauf hin, dass Rotation von Revisionsleitern mit einer kleinen Rotationserfahrung, einer geringen Revisionserfahrung oder einer kaufmännischen Ausbildung eine marginale Steigerung der Objektivität bewirkt. Dadurch werden die Hypothesen H_{1a}, H_{1b} und H_{1c} gestützt.

Von Interesse ist auch die Frage nach einem möglichen zeitlichen Effekt. Denkbar wäre ein Einfluss auf die Veränderungen durch Rotation im Folgejahr. Es konnte aber kein zeitverzögerter Rotationseffekt festgestellt werden.

7.2 Ergebnisse aus theoretischer Sicht

Ergibt sich aus der internen Rotation dezentraler Revisionsleiter eine unterschiedliche fachliche und disziplinarische Zuordnung mit unterschiedlichen Berichtslinien, kann daraus ein Spannungsfeld zwischen dem Leiter der Konzernrevision, dem Revisionsleiter und der Geschäftsleitung entstehen. In der wissenschaftlichen Literatur des Prüfungswesens ist experimentell nachgewiesen worden, dass unterschiedliche Berichtslinien der Internen Revision an den Prüfungsausschuss und an die Geschäftsleitung die Objektivität dann beeinflussen, wenn die interne Revisionsfunktion als Feld für das Managementtraining genutzt wird.[338] Mit der Berichtslinie an den Leiter der Konzernrevision und die Geschäftsleitung kann sich für den Revisionsleiter eine Konfliktsituation ergeben. Er wird darauf bedacht sein, den Interessen des Leiters der Konzernrevision und der Geschäftsleitung gleichermaßen Rechnung zu tragen, was jedoch in der Praxis schwierig zu realisieren sein wird. Das Auftreten von Interessenkonflikten wird umso mehr begünstigt, je vertrauter einem Revisionsleiter das Umfeld ist. In einem vertrauten Umfeld verhalten sich Interne Revisoren bei Prüfungskonflikten weniger objektiv.[339] Rotiert ein Revisionsleiter an einen dezentralen Revisionsstandort, kann der Leiter der Konzernrevision die Bewertungshandlungen des Revisionsleiters noch weniger beobachten. Ein weiterer Fall von *hidden action* kann die Folge sein. Auch eine Informationsasymmetrie in Form von *moral hazard* wäre denkbar. Der Revisionsleiter könnte den Informationsvorsprung zu seinen Gunsten nutzen und opportunistisch handeln.

Objektivität gilt als eine zentrale Anforderung an einen Revisionsleiter. Als ein Zeichen für Objektivität wird *professional skepticism* angesehen.[340] Diese kritische Geisteshaltung wird durch die Eigenschaften, die Aufgaben und die Denkweise des Revisionsleiters bestimmt.[341] Je stärker seine kritische Geisteshaltung in jedem der drei Bereiche ausgeprägt ist, desto höher ist seine Objektivität. Nelson (2009) verweist bei der Auseinandersetzung mit kritischer Geisteshaltung und Rotation darauf, dass eine Prüferrotation Anreizprobleme reduziert, die auftreten können, wenn Prüfer über einen längeren Zeitraum für einen Mandanten tätig sind. Ebenso sieht Ghorbel/Omri (2013) Rotation als Instrument zur Verminderung der Informationsasymmetrie[342] und der damit verbundenen Gefahren.

Die Bewertung von Prüfungsfeldern im Rahmen der Risikoanalyse ist als Entscheidung anzusehen. Entscheidungen von komplexen Sachverhalten werden in der Praxis durch Heuristiken beeinflusst. Diese Daumenregeln vereinfachen Sachverhalte, um zu einer Entscheidung zu kommen. Bei näherer Betrachtung dieser Entscheidungshilfen erkennt man, dass Anker- und Anpassungsheuristiken im Prüfungswesen verstärkt vorzufinden sind. Aus der Sicht von Brazel/Agolia (2007) nehmen Vorjahres-

---

[338] Vgl. Hoos et al. (2014), S. 19 ff.
[339] Vgl. Gul/Subramaniam (1994), S. 96.
[340] Vgl. Rasso (2013), S. 15; Louwers et al. (2011), S.16.
[341] Vgl. Carpenter/Reimers (2013), S. 66; Franzel (2013), S. 5.
[342] Vgl. Ghorbel/Omri (2013), S. 136.

entscheidungen als Anker zu, wenn die Komplexität der Aufgabe sich erhöht.[343] Abhängig von der individuellen Erfahrung eines Prüfers ist nach Anandarajan et al. (2008) die Anwendung einer Ankerheuristik unterschiedlich ausgeprägt. Im Vergleich zu Revisoren mit keiner Vorerfahrung seien erfahrene Revisoren eher gewillt aufgrund neuer Informationen eine Anpassung vorzunehmen.[344]

Die individuelle Objektivität kann von Faktoren wie Interessenkonflikte, Informationsasymmetrie und Heuristiken beeinflusst werden. Eine Rotation kann zu einer Verminderung dieser Einflussfaktoren und zu höheren Veränderungen im Rahmen der Risikoanalyse führen. Steigende Veränderungen sind mit einer Steigerung der Objektivität von Revisionsleitern gleichzusetzen.

7.3 Ergebnisse aus praktischer Sicht

Aus den gewonnenen Ergebnissen der Vor- und Hauptstudie lassen sich verschiedene praktische Ansätze ableiten. Die Vorstudie zeigt, dass 57 Prozent der Befragten Rotation als Instrument zur Steigerung der Objektivität ansehen, während 31,43 Prozent der Befragten die spezifische Unternehmenskenntnis, 22,85 Prozent eine Verschlechterung der Qualität, 20,00 Prozent die spezifische Erfahrung vor Ort und 28,57 Prozent steigende Kosten als Gründe angaben, die gegen eine Rotation sprechen. Der Kostenanstieg kann daraus resultieren, dass sich der Revisionsleiter in der Initialphase bei Rotation neu einarbeiten muss. Zudem hat der Leiter der Konzernrevision ein höheres zeitliches Budget für die Kontrolle aufzuwenden. Diese Kosten, die als Agency-Kosten bezeichnet werden, setzen sich nach Jensen/Meckling (1976) aus den Überwachungskosten des Principals, den Garantieleistungskosten des Agenten sowie den Residualverlusten zusammen.[345] Laut Firth et al. (2012) vermindern hoch qualifizierte Prüfer Agency-Kosten durch eine kompetente und unabhängige Prüfung.[346] Über die Höhe der Kosten sind in der Literatur des internen Prüfungswesens keine Untersuchungen bekannt. Im externen Prüfungswesen steigen einer amerikanischen Studie aus dem Jahr 2003 zufolge die Agency-Kosten durch Rotation um 17 Prozent.[347] Das Ergebnis der amerikanischen Studie ist sicherlich nicht vollständig auf eine Konzernrevision mit dezentralen Revisionsstandorten übertragbar. Allerdings dürfte eine Rotation von dezentralen Revisionsleitern höhere Überwachungskosten bewirken, was insgesamt zu einem Kostenanstieg führen würde. Diese Vermutung wird durch die Antworten der Experten in der Vorstudie bekräftigt.

Das Ergebnis der Vorstudie zeigt jedoch noch einen anderen Aspekt auf. Knapp die Hälfte der Befragten sieht die Steigerung der Objektivität als Grund für eine Rotation an. Führt man sich die Einschätzung der Relevanz der Rotation und der Durchführung

---

[343] Vgl. Joyce/Biddle (1995), S. 19; Brazel (2007), S. 1063; Monroe/Ng (2000), S. 155.
[344] Vgl. Anandarajan et al. (2007), S. 1063.
[345] Vgl. Jensen/Meckling (1976), S. 308.
[346] Vgl. Firth et al. (2012), S. 359.
[347] Vgl. GAO (2003), S. 6.

der Rotation vor Augen, so weist das Ergebnis einen mittleren Zusammenhang (Cramers V: V=0,5276 pr=0,045) auf, der darauf schließen lässt, dass in der Praxis die Bedeutung der Rotation nur unzureichend erkannt wird.

In der Hauptstudie konnte ferner aufgezeigt werden, dass eine interne Rotation unter Berücksichtigung der Dynamik des Audit Universe eine Steigerung der Objektivität von dezentralen Revisionsleitern bewirkt. Eine kritische Geisteshaltung kann als ein Zeichen für Objektivität angesehen werden. Rotation von dezentralen Revisionsleitern mit kaufmännischer und technischer Ausbildung sowie unterschiedlicher Revisions- und Rotationserfahrung führt zu unterschiedlichen Ergebnissen. Die aufgeführten Faktoren können den Einfluss der Rotation leicht vermindern oder stärken, allerdings ist der Effekt deutlich kleiner als zunächst vermutet. Das Ergebnis der Interaktionseffekte deutet noch auf einen weiteren Aspekt hin. Rotation dezentraler Revisionsleiter mit einer großen Rotationserfahrung lässt eine leichte Verminderung des Effekts der Rotation zur Steigerung der Objektivität erkennen, was auf einen abnehmenden Grenznutzen der Rotation schließen lässt. Rotieren Revisionsleiter mit keiner oder einmaliger Rotationserfahrung, führt dies zu einer leichten Steigerung der Objektivität im Vergleich zu rotierenden Revisionsleitern mit einer zwei- oder dreimaligen Rotationserfahrung. Daraus kann geschlossen werden, dass mit einem höheren Rotationsrhythmus der Grenznutzen maximiert werden könnte. Analysiert man sowohl die Unter- als auch die Obergrenze der Interaktionseffekte, so ist ein deutlicher Einfluss der Rotation auf die Steigerung der Objektivität von dezentralen Revisionsleitern erkennbar. Dies lässt den Schluss zu, dass Rotation eine Steigerung der Objektivität dezentraler Revisionsleiter bewirkt.

Für *professional skepticism* sind jedoch die individuellen Einflüsse von Bedeutung. Eine kleinere Revisionserfahrung oder eine kleinere Rotationserfahrung steigert den Einfluss der Rotation auf die Veränderungen leicht um 0,42 Prozent bzw. 1,41 Prozent, während bei einer größeren Revisionserfahrung oder einer größeren Rotationserfahrung eine Verminderung um 1,06 Prozent bzw. 0,13 Prozent gegenüber ersteren zu beobachten ist (vgl. Abbildung 17).

Ausgehend von der Definition von *professional skepticism* konnte aufgezeigt werden, dass Rotation bei Revisionsleitern mit kleinerer Revisionserfahrung oder kleinerer Rotationserfahrung die kritische Geisteshaltung erhöht und dadurch zu einer moderaten Steigerung der Objektivität führt. Das Ergebnis wird erhärtet durch den Umstand, dass Revisionsleiter mit einer kleineren Revisionserfahrung Prüfungsfelder einer detaillierteren Analyse unterziehen, da sie über weniger Vorkenntnisse verfügen und sich vor Ort kritischer verhalten. Bei Rotation kommen Revisionsleiter in ein neues Umfeld, das ihnen nicht vertraut ist. Auch Gul/Subramaniam (1997) unterstützen diese Sichtweise: Prüfer in einem vertrauten Umfeld verhalten sich bei Prüfungskonflikten weniger objektiv.[348] Die Vertrautheit stehe in Abhängigkeit zur Verweildauer eines

---

[348] Vgl. Gul/Subramaniam (1994), S. 95.

Prüfers. Durch eine Rotation dezentraler Revisionsleiter wird die Verweildauer und somit auch das vertraute Umfeld begrenzt.

Die Studie zeigt den positiven Effekt der internen Rotation auf die Objektivität von Revisionsleitern auf, aber auch mögliche Nachteile sollen nicht unerwähnt bleiben. Da in der Literatur des internen Prüfungswesen keine negativen Aspekte zu finden sind, wird auf die Literatur des externen Prüfungswesens zurückgegriffen. Quick (2012) weist zu Recht darauf hin, dass viele Studien und ihre Ergebnisse sich auf Nordamerika und Australien beziehen und somit mit den Verhältnissen in Europa nicht oder nur begrenzt vergleichbar sind. Ebenso sei die Prüfungsqualität nicht beobachtbar, weshalb sie nicht direkt mit einem Proxy messbar sei.[349]

Zusammenfassend kann festgestellt werden, dass interne Rotation zu steigenden Veränderungen führt, die wiederum den Schluss zulassen, dass Rotation eine Steigerung der Objektivität dezentraler Revisionsleiter im Rahmen der Risikoanalyse bewirkt. Die Risikoanalyse kann als Vorstufe der Jahresprüfungsplanung in der Internen Revision angesehen werden.

7.4 Implikationen für Wissenschaft und Praxis

Die Ergebnisse der Dissertation sind sowohl für die Praxis als auch für die Wissenschaft von Bedeutung. Die Interne Revision wird zunehmend als Bestandteil der Corporate Governance gesehen.[350] Eine Schlüsselaufgabe der Internen Revision ist eine effektive Prüfungsplanung, die eine objektive Bewertung von Prüfungsfeldern im Rahmen der Risikoanalyse voraussetzt. Eine Beeinträchtigung der Objektivität wäre mit einer Gefährdung der effektiven Unternehmensüberwachung gleichzusetzen. Eine eingeschränkte Unternehmensüberwachung hätte nicht nur für das Unternehmen, sondern auch für die Geschäftsleitung haftungsrelevante Auswirkungen. Somit besteht ein starkes Eigeninteresse, die Objektivität durch den Leiter der Konzernrevision sicherzustellen. Nach dem IIA Standard 1120 ist die Objektivität durch ein Rotationsprogramm, soweit möglich, abzusichern. Bis dato konnten nur Vermutungen angestellt werden, ob Rotation ein effektives Instrument zur Steigerung der Objektivität von Revisionsleitern darstellt. Die vorliegenden Ergebnisse der Studie lassen darauf schließen, dass Rotation die Objektivität von Revisoren steigert. Darüber hinaus kann festgestellt werden, dass Rotation bei dezentralen Revisionsleitern mit kleiner Revisions- und Rotationserfahrung sowie mit kaufmännischer Ausbildung zusätzlich eine kleine Steigerung von Veränderungen bewirkt. Ein leicht gegenläufiger Effekt ist dagegen bei Revisionsleitern mit einer großen Revisions- und Rotationserfahrung sowie einer technischen Ausbildung zu beobachten. Die Determinanten lassen auf Einflussgrößen schließen, die die Objektivität leicht steigern oder verringern können.

---

[349] Vgl. Quick (2012), S. 30 ff.
[350] Vgl. hierzu auch COSO 2004

Die Studie liefert ein neues Instrument zur Messung der Steigerung der Objektivität Interner Revisoren bei Rotation. Mithilfe dieses Instruments können, bezogen auf den spezifischen Untersuchungsgegenstand, die Fragen beantwortet werden, ob und inwieweit eine Steigerung der Objektivität von Revisionsleitern durch Rotation erreichbar ist. Damit kann eine Forschungslücke im Prüfungswesen, insbesondere in der Internen Revision, geschlossen werden.

7.5 Limitationen und weitere Forschungsergebnisse

7.5.1 Limitationen

Die vorliegende Arbeit wurde mit der notwendigen Sorgfalt erstellt, allerdings unterliegen empirische Studien in der Regel Limitationen, die bei den Schlussfolgerungen zu berücksichtigen sind.

- Die Studie wurde erstellt auf der Grundlage der Risikoniveauveränderungen bewerteter Gesamtrisikoscores (N= 5.475) dezentraler Revisionsstandorte der Konzernrevision eines internationalen Unternehmens im Zeitraum von 2009 bis 2012. Dabei wurde die Dynamik des Audit Universe und der daraus resultierenden Veränderungen in der Bewertungsverantwortung mit berücksichtigt. Die Untersuchung basiert auf der Analyse eines Konzerns und dessen dezentralen Revisionsstandorten, weshalb weitere Studien notwendig sind, um eine allgemeingültige Aussage treffen zu können.
- Im Rahmen der Identifizierung von sozio-ökonomischen Einflussfaktoren auf die Objektivität wurde auch auf die externe Prüfungsliteratur Bezug genommen. Ausgehend von möglichen individuellen Prüfereigenschaften und Einflüssen auf die Objektivität wurden Faktoren identifiziert und mit der Abteilung Datenschutz abgestimmt. Dabei gab es Restriktionen, die eine weitere Erhebung interessanter Daten ausschloss.
- Ein Instrument zur Messung der Steigerung der Objektivität von Internen Revisoren ist in der Literatur bisher nicht zu finden. Deshalb wurde ein entsprechendes Instrument entworfen, deren abhängige Variable den absoluten Risikoniveauunterschied der Gesamtrisikoscores dezentraler Revisionsleiter darstellt. Dem Instrument liegen zwei Annahmen zugrunde: interne Rotation bewirkt eine steigende Veränderung von Gesamtrisikoscores und steigende Veränderungen werden als Nachweis für eine Steigerung der individuellen Objektivität dezentraler Revisionsleiter angesehen.
- Den positiven Aspekten der internen Rotation als Instrument einer effektiven Unternehmensüberwachung stehen auch negative Auswirkungen gegenüber, die in einer gesonderten Studie abzuwägen wären.

7.5.2 Weitere Forschungsmöglichkeiten

Die Studie liefert weitere Forschungsansätze. Zur Messung der Steigerung der Objektivität bei Rotation von dezentralen Revisionsleitern wurde ein Instrument entwickelt. Da in der Literatur kein vergleichbares Instrument zu finden ist, ergibt sich die Notwendigkeit weiterer quantitativer Studien.

Das „Serving-Two-Masters"-Problem wird in der Prüfungsliteratur anhand von unterschiedlichen Berichtslinien an die Geschäftsleitung und an den Prüfungsausschuss untersucht. Das Problem ist jedoch auch in anderen Fällen denkbar. Für weitere unterschiedliche Berichtslinien, wie zwischen dem Leiter der Internen Revision und dem dezentralen Revisionsleiter sowie zwischen dem Revisionsleiter, dem Leiter Konzernrevision und der Geschäftsleitung, besteht noch Forschungsbedarf.

Einige individuelle Einflussfaktoren auf die Steigerung der Objektivität durch Rotation von Internen Revisoren wurden in der Studie aufgezeigt. Es ist nicht auszuschließen, dass es weitere Einflüsse gibt. Von Interesse könnte beispielsweise die von Gigerenzer aufgeworfene Betrachtungsweise sein, dass schnellere Entscheidungen in bestimmten Situationen zu besseren Ergebnissen führen. Um eine Messung des aufgezeigten Sachverhaltes zu ermöglichen, müssten Bewertungszeiten von Revisionsleitern für die entsprechenden Prüfungsfelder und deren Komplexität erhoben werden. In diesem Zusammenhang könnte näher untersucht werden, inwiefern sich Heuristiken auf Entscheidungen von Revisionsleitern auswirken. Zudem wäre sicherlich von Interesse, wie sich nicht nur Anker- und Anpassungsheuristiken, sondern auch Heuristiken mit geringerem Einfluss kumulativ auf das Ergebnis auswirken.

Eine interne Rotation von Revisionsleitern kann zu einem Anstieg der Agency-Kosten führen. Konkrete Informationen über die Höhe der tatsächlichen Kosten oder der prozentualen Steigerung sind derzeit für das interne Prüfungswesen nicht verfügbar. Weitere Studien könnten Abhilfe schaffen.

Die Analyse der Wirksamkeit der Rotation zur Steigerung der Objektivität kann nur ein erster Schritt sein. Neben der Kostenabwägung ist weiter zu untersuchen, inwieweit eine Steigerung der Objektivität durch Rotation von Internen Revisoren die Prüfungsqualität verbessert.

Revisoren werden als integre Personen angesehen, die objektive Entscheidungen und Bewertungen treffen. Aus vielen Gesprächen mit Revisionsleitern wurde deutlich, dass dies auch in der Praxis so gesehen wird. Personen sind jedoch hinsichtlich ihres Charakters und ihrer Denkweise nicht gleich. Wegen der Dezentralisierung ergeben sich zudem unterschiedliche Informationsstände zwischen dem Leiter der Konzernrevision und dem dezentralen Revisionsleiter. Diese Konstellation kann zu opportunistischem Verhalten führen. Ob diese Gefahr real vorhanden ist und in welcher Größe, bedarf einer weiteren detaillierten Untersuchung.

Mit der Beantwortung der aufgestellten Forschungsfrage schließt die vorliegende Studie eine Forschungslücke, jedoch sind noch weitere Forschungsprojekte über die Thematik Interne Revisoren und Objektivität nötig, um mehr Impulse für eine Optimierung der praktischen Umsetzung zu liefern.

8 Fazit

Ziel der Studie ist die Untersuchung der internen Rotation als Mittel zur Steigerung der Objektivität dezentraler Revisionsleiter im Rahmen der Risikoanalyse. Da das Thema noch unerforscht ist, wurde ein Forschungsansatz entwickelt, dem folgende Überlegungen zugrunde liegen: Rotation von Revisionsleitern kann die Informationsasymmetrie, Interessenkonflikte und Heuristiken vermindern.[351] Ebenso können bei Rotation individuelle Faktoren, wie beispielsweise Berufserfahrung oder Bildungsstand, das Bewertungsverhalten von Revisionsleitern beeinflussen.[352] Die daraus resultierenden steigenden Veränderungen von Gesamtrisikoscores im Rahmen der Risikoanalyse werden als steigende Objektivität der Revisionsleiter angesehen. Die Ergebnisse zeigen, dass Rotation von dezentralen Revisionsleitern zu einem 2,49fach höheren Chancenverhältnis der Veränderungen der Gesamtrisikoscores führt. Ebenso wird die Wahrscheinlichkeit der Veränderungen der Gesamtrisikoscores um 10,14 Prozent erhöht. Dies legt den Schluss nahe, dass Rotation eine effektive Steigerung der Objektivität dezentraler Revisionsleiter im Rahmen der Risikoanalyse bewirkt.

Darüber hinaus konnten weitere Erkenntnisse gewonnen werden. Die Analyse von Interaktionseffekten zeigt, dass Rotation bei Revisoren mit kleiner Rotationserfahrung oder kleiner Revisionserfahrung eine leichte Steigerung von Veränderungen bewirkt verglichen mit Revisionsleitern mit einer großen Revisionserfahrung oder einer großen Rotationserfahrung. Das Ergebnis lässt darauf schließen, dass durch eine kleine Revisionserfahrung, eine kleine Rotationserfahrung oder eine kaufmännische Ausbildung eine leicht größere Steigerung der Objektivität erreicht werden kann als bei einer großen Revisionserfahrung, einer großen Rotationserfahrung oder einer technischen Ausbildung.

Aus den Ergebnissen der Vorstudie, in der 57 Prozent der befragten Experten Rotation als ein Instrument zur Steigerung der Objektivität sahen, aber 77 Prozent angaben, Rotation nicht anzuwenden, ergibt sich ein mittlerer Zusammenhang (Cramers V: V=0,5276 pr=0,045) zwischen der Relevanz und dem Vorhandensein einer Rotation. Dadurch könnte die Vermutung untermauert werden, dass die Bedeutung der Rotation Interner Revisoren in der Praxis unterschätzt wird und keine angemessene Berücksichtigung findet.

---

[351] Vgl. Gul/Subramaniam (1994); Presutti (1995); Nelson (2009); Monroe/Ng (2000); Brazel/Agolia (2007); Abbott et al. (2010), Ghorbel/Omri (2013); Küpper (2013); Hoos et al. (2013); Hoos et al. (2014)

[352] Vgl. Arena/Azzone (1981b); Bhattacharjee/Moreno (2002); Jenkins (2008); Sarens (2009); Low (2004)

Literaturverzeichnis

Abbott, Lawrence J./Parker, Susan/Peters, Gary F. (2012): Audit Fee Reductions from Internal Audit-Provided Assistance: The Incremental Impact of Internal Audit Characteristics. In: Contemporary Accounting Research 29 (1). S. 94-118. http://dx.doi.org/10.1111/j.1911-3846.2011.01072.x

Adams, Michael B. (1994): Agency Theory and the Internal Audit. In: Managerial Auditing Journal. Vol. 9 Iss 8. S. 8-12. http://dx.doi.org/10.1108/02686909410071133

Akerlof, Georg J. (1970): The Market for "Lemons": Quality Uncertainty and the Market Mechanism. In: The Quarterly Journal of Economics. Vol. 84, No. 3. S. 488-500. Link: http://links.jstor.org/sici?sici=00335533%28197008%2984%3A3%3C488%3ATMF%22QU%3E2.0.CO% 3B2-6

Albrecht, Tobias/Lück, Wolfgang (2009): Anforderungen an die Interne Revision. Grundsätze, Methoden, Perspektiven. Berlin: Erich Schmidt Verlag (DIIR-Forum. 8).

Alchian, Armen/Demsetz, Harold (1972): Production, Information Costs and Economic Organization. In: The American Economic Review. 62. S .777-795.

Alchian, Armen/Woodward, Susan (1988): The Firm Is Dead: Long Live The Firm a Review of Oliver E. Williamson's The Economic Institutions of Capitalism. In: Journal of Economic Literature. Vol. 26. No. 1. S. 65-79.

Alparslan, Adem (2006): Strukturalistische Principal-Agent-Theorie: Eine Reformierung der Hidden-Action-Modelle aus der Perspektive des Strukturalismus: Wiesbaden: Deutscher Universitätsverlag.

Amling, Thomas/Bantleon, Ulrich (2012): Praxis der Internen Revision. Management. Methoden. Prüfungsfelder. Berlin: Erich Schmidt Verlag.

Anandarajan, Asokan/Kleinman, Gary/Palmon, Dan (2008): Novice and expert judgement in the presence of going concern uncertainty. In: Managerial Auditing Journal. Vol. 23 Iss 4. S. 345-366. http://dx.doi.org/10.1108/02686900810864309

Arbeitskreis Externe und interne Überwachung der Unternehmen der Schmalenbach-Gesellschaft für Betriebswirtschaft (2012): Dokumentation und Berichterstattung durch die Interne Revision. In: Der Betrieb. 65. S. 1281-1287.

Arena, Marika/Azzone, Giovanni (2009): Identifying Organizational Drivers of Internal Audit Effectiveness. In: International Journal of Auditing 13 (1). S. 43-60. http://dx.doi.org/10.1111/j.1099-1123.2008.00392.x.

Arrow, Kenneth J. (1984): The Economics of Agency. In: A Report of Center of Research on Organizational Efficiency. Stanford University. Technical Report. No. 451.

Arrow, Kenneth J. (1985): Informational Structure of the Firm. In: The American Economic Review. Vol. 75. No. 2. Papers and Proceedings of the Ninety Seventh Annual Meeting of the American Economic Association. S. 303-307; http://www.jstor.org/stable/1805615

Ashton, Robert H./Ashton Alison Hubbard (Hrsg.) (1995): Judgment and Decision-Making Research in Accounting and Auditing. Cambridge University Press.

Atteslander, Peter (2008): Methoden der empirischen Sozialforschung. 12. durchgesehene Auflage Berlin: Erich Schmidt (ESV basics).

Backhaus, Klaus/Erichson, Bernd/Weiber, Rolf (2011): Fortgeschrittene Multivariate Analysemethoden. Eine anwendungsorientierte Einführung. Berlin: Springer-Verlag.

Baltagi, Badi (2005): Econometric Analysis of Panel Data. 3th Edition: John Wiley & Sons.

Bamber, Michael E. (1983): Expert Judgment in the Audit Team: A Source Reliability Approach. In: Journal of Accounting Research. Vol. 21. No. 2. S. 396-412. http://www.jstor.org/stable/2490781

Baurmann, Michael (2008): Homo Ökonomikus als Idealtypus. Oder: Das Dilemma des Don Juan. In: Analyse & Kritik. S. 555-573.

Berwanger, Jörg/Kullmann, Stefan (2012): Interne Revision. Funktion, Rechtsgrundlagen und Compliance. 2. vollständig überarbeitete und erweiterte Auflage. Wiesbaden: Springer Gabler. Springer Fachmedien. DOI 10.1007/978-3-8349-3879-4

Best, Henning/Wolf, Christof (2010): Logistische Regression. Aus: Wolf, Christian/ Best, Henning (Hrsg.): Handbuch der sozialwissenschaftlichen Datenanalyse. Wiesbaden: VS Verlag für Sozialwissenschaften. S. 827-854.

Bhattacharjee, Sudip/Moreno Kimberly (2002): The Impact of Affective Information on the Professional Judgments of More Experienced and Less Experienced Auditors. In: Journal of Behavioral Decision Making. Vol 15. Issue 4. S. 361-377.

Biggs, Stanley F./Mock, Theodore J. (1983): An investigation of auditor decision processes in the evaluation of internal controls and audit scope decisions. In: Journal of Accounting Research. 21. S. 234-255.

Biggs, Stanley F./Mock, Theodore J./Watkins, Paul R. (1988): Auditor´s Use of Analytic Review in the Audit Program Design. In: The Accounting Review. Vol. LXIII. No. 1. S. 148-161.

Bogner, Alexander/Littig, Beate/Menz, Wolfgang (Hrsg.): Experteninterviews. Theorien, Methoden, Anwendungsfelder. 3., grundlegend überarbeitete Aufl. 2009. Wiesbaden: VS Verlag für Sozialwissenschaften.

Bortz, Jürgen/Lienert, Gustav A. (1998): Kurzgefaßte Statistik für die klinische Forschung. Ein praktischer Leitfaden für die Analyse kleiner Stichproben mit 90 Tabellen sowie zahlreichen Formeln. Berlin [u.a.]: Springer (Springer-Lehrbuch).

Brandon, Duane/Müller Jennifer (2008): The influence of jurors' perceptions of auditor tenure on blame. In: Advances in Accounting, incorporating Advances in International Accounting. (24). S. 1-7.

Brazel, Joseph F./Agoglia, Christopher P. (2007): An Examination of Auditor Planning Judgements in a Complex Accounting Information System Environment. In: Contemporary Accounting Research. Vol. 24 No. 4. S. 1059-1083.

Breid, Volker (1995): Aussagefähigkeit agencytheoretischer Ansätze im Hinblick auf die Verhaltenssteuerung von Entscheidungsträgern. In: Zeitschrift für die betriebswirtschaftliche Forschung. S. 821 – 854.

Brombacher, Judith (2012): Wirkungsanalyse als Instrument der Internen Revision zur Evaluierung von Prozessen: Schwerpunkt Internes Kontrollsystem. In: Amling/ Bantleon (2012): Praxis der Internen Revision. Management. Methoden. Prüfungsfelder. Berlin: Erich Schmidt Verlag. S. 391-417.

Brosius, Felix (2011): SPSS 19. 1. Auflage. Heidelberg, München, Landsberg, Frechen, Hamburg: mitp. Verlagsgruppe Hüthig-Jehle-Rehm.

Bubendorfer, Reinhard/Krumm, Michael (2007): Stellung der Internen Revision in der Unternehmensorganisation. In: Freidank, Carl-Christian/Peemöller, Volker H. (2007): Corporate Governance und Interne Revision. Handbuch für die Neuausrichtung des Internal Auditings. Berlin: Erich Schmidt Verlag. S. 47-56.

Buchner, Rudolf (1997): Wirtschaftliches Prüfungswesen. 2. aktualisierte und erweiterte Auflage. München: Gabler Verlag.

Bungartz, Oliver (2014): Handbuch Interne Kontrollsysteme (IKS). 4. neu bearbeitete und erweiterte Auflage. Berlin: Erich Schmidt Verlag.

Brüderl, Josef (2000): Regressionsverfahren in der Bevölkerungswissenschaft. München. u.v. http://www.ls3.soziologie.uni-muenchen.de/downloads/lehre/lehre_alt/regressionsverfahren.pdf

Cameron, Colin/Trivedi, Pravin (2010): Microecometrics using Stata. Revised Edition. Texas: Stata Press.

Carney, Michael/Gedajlovic, Eric/Sur, Sujit (2010): Corporate governance and stakeholder conflict. In: Journal of Management & Government. 15. S. 483-507.

Carpenter, Tina D./Reimers Jane L. (2013): Professional Skepticism: The Effects of a Partner's Influence and the Presence of Fraud on Auditors' Fraud Judgments and Actions. In: Behavior Research in Accounting. Vol. 25. No. 2 April 2013. S. 45-69. DOI: 10.2308/bria-50468

Christopher, Joe/Sarens, Gerrit/Leung, Philomena (2009): A critical analysis of the independence of the internal audit function: evidence from Australia. In: Accounting, Auditing & Accountability Journal. Vol. 22. Iss.2. S. 200-220.

Cleff, Thomas (2011): Deskriptive Statistik und moderne Datenanalyse. Eine computergestützte Einführung mit Excel, PASW (SPSS) und STATA. 2. Aufl. Wiesbaden: Gabler Verlag. Springer Fachmedien (Lehrbuch).

Coase R. H. (1988): The Nature of the Firm: Meaning. In: Journal of Law, Economics, & Organization, Oxford University Press. Vol. 4. No. 1. S. 19-32. http://www.jstor.org/stable/765012

Coase, R.H. (1960): The Problem of Social Cost. In: The Journal of Law and Economics. Vol. 3. S. 1-44. http://www.jstor.org/stable/724810?origin=JSTOR-pdf

Cohen, Aaron/Sayag, Gabriel (2010): The Effectiveness of Internal Auditing: An Empirical Examination of its Determinants in Israeli Organisations. In: Australian Accounting Review 20 (3). S. 296–307.

Cohen Jeffrey/Kida Thomas (1989): The Impact of Analytical Review Results, Internal Control Reliability, and Experience on Auditors. In: Journal of Accounting Research. Vol. 27. No. 2. S. 263-276. http://www.jstor.org/stable/2491235

Daniels, Bobbie W./Booker, Quinton (2011): The effects of audit firm rotation on perceived auditor independence and audit quality. In: Research in Accounting Regulation 23. S. 78-82.

Daugherty, Brian E./Dickins, Denise/Hatfield, Richard C./Higgs, Julia L. (2012): An Examination of Partner Perceptions of Partner Rotation: Direct and Indirect Consequences to Audit Quality. In: Auditing: A Journal of Practice & Theory. Vol. 31. No. 1. S. 97-114.

d'Arcy, Anne/Hoos, Florian (2012): Welche Faktoren beeinflussen Unabhängigkeit und Objektivität der Internen Revision? Ergebnisse einer Umfrage. Unter Mitarbeit von ZIR. S. 124-131. Hg. v. Erich Schmidt Verlag, zuletzt geprüft am 01.09.2015.

De Angelo, Linda Elizabeth (1981): Auditor size and audit quality. In: Journal of Accounting and Economics. Vol. 3. No. 3. S. 183-199.

DeZoort, Todd F./Houston, Richard, W./Peters, Michael, F. (2001): The Impact of Internal Auditor Compensation and Role on Auditors' Planning Judgments and Decisions. In: Contemporary Accounting Research. Vol. 18. No. 2. S 257-281

DIIR - Deutsches Institut für Interne Revision e. V. (Hrsg.) (2014): Die Interne Revision im Spannungsfeld zwischen Vorstand und Aufsichtsrat, zuletzt geprüft am 29.12.2014

DIIR, IIA Austria, IIA Switzerland (Hrsg.) (2015): Internationale Grundlagen für die berufliche Praxis der Internen Revision. Mission, Grundprinzipien, Definition, Ethikkodex, Standards, Implementierungsleitlinien. Frankfurt am Main, Wien, Zürich

. Dikolli, Shane S./McCracken, Susan A./Walawski, Justin B. (2004): Audit-planning judgments and client-employee compensation contracts. In: Behavioral Research in Accounting. January 1. Vol. 16. S. 45-61.

Donovan, Patrick E. (1990): Serving Multiple Masters. Confronting the Conflicting Interests that Arise in Superfund Disputes. In: B.C. Envtl. Aff. L. Rev. 371. Vol. 17

Dopuch, Nicholas/King, Ronald R./Schwartz, Rachel (2001): An Experimental Investigation of Retention and Rotation Requirements. In: Journal of Accounting Research. Vol. 39.

Dörfler, Peter et al. (2012): Risikoanalyse und Programmplanung im Volkswagen Konzern. In: Amling/ Bantleon: Praxis der Internen Revision. Management. Methoden. Prüfungsfelder. Berlin: Erich Schmidt Verlag. S. 278-296.

Ebers, M. & W./Gotsch (2006): Institutionenökonomische Theorien der Organisation. S. 247-308. In: A. Kiewer & M. Ebers (Hrsg.). Organisationstheorien. Stuttgart: Kohlhammer.

Eisenhardt, Kathleen (1989): Agency Theory: An Assessment and Review. In: Academy of Management Review. Vol. 14. Nr. 1. S. 57-74.

Eller, Eric/Streicher, Bernhard/Lermer, Eva (2012): Warum wir Risiken falsch einschätzen. Der vernachlässigte Beitrag der Psychologie zum modernen Risikomanagement. Aus: Risiko Manager. 23. Köln.

Epley, Nicholas/Gilovich, Thomas (2006): The Anchoring-and and-Adjustment Heuristic. Why the Adjustments Are Insufficient. In: Psychological Science. Vol 17. Number 4. S. 311-318.

Eulerich, Marc (2012): Serving Two Masters. Die Positionierung der Internen Revision zwischen unterschiedlichen Auftraggebern und Stakeholdern. In: Zeitschrift für die Interne Revision. 06. S. 292.

Eulerich, Marc/van Uum, Carolin (2014): Die Interne Revision als Management Training Ground. In: Zeitschrift für die Interne Revision. ZIR 03. S. 132-138

Ewelt-Knauer, Corinna/Gold, Anna/Pott, Christiane (2013): Rotation von Prüfungsgesellschaften - Internationale Bestandsaufnahme und empirische Befunde. Hg. v. IDW

Ewert, Ralf (2007): Agencytheorie. In: Köhler, Richard/Küpper, Hans-Ulrich/Pfingsten, Andreas (Hrsg.) (2007): Handwörterbuch der Betriebswirtschaft. 6. vollst. neu gestaltete Aufl. Stuttgart: Schäffer-Poeschel (Enzyklopädie der Betriebswirtschaftslehre, Bd. 1). S. 2-10.

Firth, Michael A./Rui, Oliver M./Wu, Xi (2012): Rotate back or not after mandatory audit partner rotation? In: Journal Accounting Public Policy. 31. S. 356-373.

Fischer, Peter/Asal, Kathrin/Krüger, Joachim I. (2013): Sozialpsychologie für Bachelor. Lesen. Hören. Lernen im Web. Berlin, Heidelberg: Springer-Verlag 2013.

Franzel, Jeanette M. (2013): Auditors Objectivity and Skepticism. American Accounting Association. Annual Meeting. Presentation. http://pcaobus.org/News/Speech/Documents/08052013_ Presentation.pdf

Freidank, Carl-Christian/Peemöller, Volker H. (2007): Corporate Governance und Interne Revision. Handbuch für die Neuausrichtung des Internal Auditings. Berlin: Erich Schmidt Verlag.

Freidank, Carl-Christian/Peemöller, Volker H. (Hrsg.) (2011): Kompendium der Internen Revision. Berlin: Erich Schmidt Verlag.

Freidank, Carl-Christian/Nyls-Arne, Pasternack: Theoretische Fundierung der Internen Revision und ihre Integration in das System der Corporate Governance. In: Freidank, Carl-Christian/Peemöller, Volker H. (Hrsg.) (2011): Kompendium der Internen Revision. Berlin: Erich Schmidt Verlag. S. 34-68.

Geisler, Charlene/Low, Kin Yew (2007): How Do Various Forms of Audit Rotation Affect Audit Effectiveness? Nanyang Technological University.

Ghorbel, Faten Hakim/Omri, Mohamed Ali (2013): Does auditor changes reduce information asymmetry? An examination of the effect on bid-ask spread using a big or non-big auditor classification. In: International Journal of Business Continuity and Risk Management. Vol. 4. No. 2.

Giesselmann, Marco/Windzio, Michael (2012): Regressionsmodelle zur Analyse von Paneldaten. [Lehrbuch]. Wiesbaden: Springer VS (Studienskripten zur Soziologie).

Gigerenzer, Gerd/Brighton, Henry (2009): Homo Heuristicus: Why Biased Minds Make Better Inferences. In: Topics in Cognitive Science 1 (1). S. 107-143. http://dx.doi.org/10.1111/j.1756-8765.2008.01006.x

Gigerenzer, Gerd (2008): Bauchentscheidungen. Die Intelligenz des Unbewussten und die Macht der Intuition. München: Wilhelm Goldmann Verlag. S. 159 ff.

Gleißner, Werner/Romeike, Frank (2012): Psychologische Aspekte im Risikomanagement. Bauchmenschen, Herzmenschen, Kopfmenschen. In: Risk, Compliance & Audit. Risk Management Association e. V. (RMA)

Gleißner, Werner (2011): Risikomanagement: Datenprobleme und unsichere Wahrscheinlichkeitsverteilungen" In: Klein, Andreas (Hrsg.): Risikomanagement und Risiko-Controlling. [Organisation und Dokumentation im Unternehmen, Datenerhebung und Risikobewertung, Integration in die Führungs- und Reportingsysteme, Umsetzungsbeispiele aus der Praxis]. Freiburg [u.a.]: Haufe (Der Controlling-Berater, 16).

Glover, Steven M/Jiambalvo, James/Kennedy, Jane (2000): Analytical Procedures and Audit-Planning Decisions. In: Auditing: A Journal of Practice & Theory. Vol. 19. No. 2.

Goldberg, Victor P. (1980): Relational Exchange: Economics and Complex Contracts. In: American Behavioral Scientist. S. 337-352.

Goldstein, Daniel/Gigerenzer, Gerd (2009): Fast and frugal forecasting. In: International Journal of Forecasting.25. S. 760-772.

Gramling, Audrey A./Maletta, Mario J./Schneider, Arnold/Church, Bryan K. (2004): The role of the internal audit function in corporate governance. A synthesis of the extant internal auditing literature and directions for future research. In: Journal of Accounting Literature. S. 194-244.

Greene, William H. (1993): Econometric Analysis. 2nd Edition. New York: MacMillan Company Publishing.

Gujarati, Damodar N. (2004): Basic Econometrics. 4th Edition. TATA McGraw Hill Publishing.

Gul, Ferdinand/ Subramaniam, Nava (1994): Audit committees, gifts and discounts, and familiarity as factors affecting internal auditors' professional objectivity. In: The Review of Business Studies, Vol. 3. No. 1. (Fall).S. 89-99. http://hdl.handle.net/10536/DRO/DU:30024378.

Hahn, Ullrich (2007): Berufsgrundlagen der Internen Revision – Standards von IIA und IIR. In: Freidank, Carl-Christian/Peemöller, Volker H.: Corporate Governance und Interne Revision. Handbuch für die Neuausrichtung des Internal Auditings. Berlin: Erich Schmidt Verlag. S. 73-107.

Heerlein, Andre (2009): Einflussfaktoren auf die Kapazität der Internen Revision. Zur Gestaltung einer effektiven Revisionsfunktion. Wiesbaden: Betriebswirtschaftlicher Verlag Gabler.

Hertwig, Ralph/Todd, Peter (2002): Heuristics. Max Planck Institute for Human Developing. Berlin. In: Encyclopedia of the Human Brain. Elsevier Science. S. 449.

Hill, R. Carter/Griffiths, William E./Lim, G. C. (2011): Principles of econometrics. 4. Auflage Hoboken. NJ: Wiley.

Hoos, Florian/Kochetova-Kozloski, Natalia/d'Arcy, Anne (2015): 'The Importance of the Chief Audit Executive's Communication: Experimental Evidence on Internal Auditors' Judgments in a 'Two Masters Setting' In: Int. J. Audit. 19. S. 166-181.

Hoos, Florian/ Messier, William F. Jr./Smith, Jason L./Tandy, Paulette R. (2014): The Effects of Serving Two Masters and Using the Internal Audit Function as a Management Training Ground on Internal Auditors Objectivity. http://ssrn.com/abstract=2358149

Hölmstrom, Bengt (1979): Moral Hazard and Observability. In: The Bell Journal of Economics. Vol. 10. No. 1. S. 74-91. http://www.jstor.org/stable/3003320

Höhne, Jörg (2008): Anonymisierungsverfahren für Paneldaten. In: Wirtsch Sozialstat Arch 2 (3). S. 259-275.

Huber, Oswald (2004): Entscheiden unter Risiko: Aktive Risiko-Entschärfung. In: Psychologische Rundschau. Vol. 55. No. 3. Hogrefe Verlag Göttingen. S. 1.

Hurtt, Kathy/Brown-Liburd/Helen/Earley, Christine/Krishnamoorthy, Ganesh (2013): Research on Auditor Professional Skepticism: Literature Synthesis and Opportunities for Future Research. In: Auditing: A Journal of Practice & Theory. Vol. 32. Supplement 1. S. 45-97.

Jackson, Andrew B./Modrich, Michael/ Roebuck, Peter (2008): Mandatory audit firm rotation and audit quality. In: Managerial Auditing Journal. Vol. 23. Iss. 5. S. 420-437.

Jenkins, David S./Velury, Uma (2008): Does auditor tenure influence the reporting of conservative earnings? In: Journal of Accounting and Public Policy 27 (2). S. 115-132.

Jensen, Michael C./Meckling, William H. (1976): Theory of the firm: managerial behavior, agency costs and ownership structure. In: Journal of Financial Economics 3. S. 305-360.

Jensen, Michael C. (1983): Organization Theory and Methodology. In: The Accounting Review. Vol. LVIII. No. 2. S. 319-339.

Jost, P.J. (2001): Die Principal-Agenten-Theorie im Unternehmenskontext. In: Jost, P.J. (Hrsg.) Die Principal- Agenten-Theorie in der Betriebswirtschaftslehre. Stuttgart: Schäffer-Poeschel. S. 11– 43.

Jost, P.J. (Hrsg.) (2001): Die Principal- Agenten-Theorie in der Betriebswirtschaftslehre, Stuttgart: Schäffer-Poeschel. S. 11-43.

Joyce, Edward J./Biddle, Garry C. (1981a): Are auditor's judgments sufficiently regressive? In: Journal of Accounting Research 19; S. 323-349.

Joyce, Edward J./Biddle, Garry C. (1981b): Anchoring and Adjustment. In: Probalistic Inference in Auditing. In: Journal of Accounting Research. Vol. 19 No. 1.

Kah, Arnd (1994): Profitcenter-Steuerung: ein Beitrag zur theoretischen Fundierung des Controlling anhand des Principal-Agent-Ansatzes. Stuttgart: Schäffer-Poeschel Verlag.

Kahneman, Daniel (2012): Schnelles Denken, langsames denken. Aus dem amerikanischen Englisch von Thorsten Schmidt. 5. Auflage. München: Siedler Verlag. Verlagsgruppe Random House GmbH.

Kahneman, Daniel/Tversky, Amos (1979): Prospect Theory: An Analysis of Decisions under Risk. In: Econometrica. Vol. 47. No. 2. S. 263-292.

Kahneman, Daniel/Slovic, Paul/Tversky, Amon (Hrsg.) (1982): Judgment under Uncertainty: Heuristics and Biases. New York: Cambridge University Press. S. 1124.

Kahneman, Daniel/Tversky, Amos (1972): Subjective Probability: A Judgement of Representativeness. In: Cognitive Psychology 3. S. 430-454.

Kaplan, Steven E./ Mauldin, Elaine G. (2008): Auditor rotation and the appearance of independence: Evidence from non-professional investors. In: Journal of Accounting and Public Policy. 27. S. 177-192.

Kiener, Stefan (1990): Die Principal-Agent-Theorie aus informationsökonomischer Sicht. Heidelberg: Physica (Physica-Schriften zur Betriebswirtschaft, 28).

Kieser, Alfred/Ebers Mark (Hrsg.) (2006): Organisationstheorien. 6. erweiterte Auflage. Stuttgart: Kohlhammer.

Kleinbaum, David/ Klein, Mitchel (2010): Logistic Regression. 3rd ed. New York, Dordrecht, Heidelberg; London: Springer. DOI 10.1007/978-1-4419-1742-3

Knechel, Robert W./Krishnan, Gopal V./Pevzner Mikhail/Shefchik Lori B./Velury Uma K. (2013): Audit Quality: Insights from the Academic Literature. In: Auditing: A Journal of Practice & Theory. Vol. 32. Supplement 1. S. 385–421, DOI: 10.2308/ajpt-50350

Koch, Christopher (2004): Behavioral Economics und die Unabhängigkeit des Wirtschaftsprüfers – Ein Forschungsüberblick. Mannheim. http://ub-madoc.bib.uni-mannheim.de/2705

Koch, Christopher/Weber, Martin/Wüstemann, Jens (2012): Can Auditors be Independent? Experimental Evidence on the Effects of Client Type. In: European Accounting Review 21 (4). S. 797-823.

Koch, Christopher/Wüstemann, Jens (2008): A Review of Bias Research in Auditing. Opportunities for Combining Psychological and Economic Research.

Kohler, Ulrich/ Kreuter, Frauke (2008): Datenanalyse mit Stata. Allgemeine Konzepte der Datenanalyse und ihre praktische Anwendung. 3. Aufl. München, Wien: Oldenburg Wissenschaftsverlag.

Köhler, Richard/Küpper, Hans-Ulrich/Pfingsten, Andreas (Hrsg.) (2007): Handwörterbuch der Betriebswirtschaft. 6. vollst. neu gestaltete Aufl. Stuttgart: Schäffer-Poeschel (Enzyklopädie der Betriebswirtschaftslehre, Bd. 1).

Kräkel, Matthias/Sliwka, Dirk (2001): Innerbetriebliche Aufgabenverteilung und Delegation. In: Jost, P.J. (Hrsg.) Die Principal- Agenten-Theorie in der Betriebswirtschaftslehre, Stuttgart: Schäffer-Poeschel. S. 11-43.

Küpper, Hans-Ulrich (2001): Controlling. Konzeption, Aufgaben, Instrumente. 3. überarbeitete Auflage. Stuttgart: Schäffer-Poeschel.

Küpper, Hans-Ulrich/Friedl, Gunther/Hofmann, Christian (2013): Controlling. Konzeption, Aufgaben, Instrumente. 6. überarbeitete Auflage. Stuttgart: Schäffer-Poeschel.

Küpper, Hans-Ulrich/Sandner, Kai (2011): Anreizsysteme und Unternehmensethik. In: Z Betriebswirtsch 81 (S1). S. 119–148. DOI: 10.1007/s11573-010-0415-x.

Laux, Helmut/Gillenkirch, Robert M./Schenk-Mathes, Heike Y. (2012): Entscheidungstheorie. Berlin, Heidelberg: Springer

Lennox, Clive S./Wu, Xi/Zhang, Tianysu (2014): Does Mandatory Rotation of Audit Partners Improve Audit Quality? In: The Accounting Review. Vol. 89. No. 5. S. 1775-1803.

Li, Dan (2010): Does auditor tenure affect accounting conservatism? Further evidence. In: Journal of Accounting and Public Policy. S. 226-241

Louwers, T. J./ Ramsay, R. J./ Sinason, D. H./ Strawser, J. R./ Thibodeau, J. C. (2011): Auditing & Assurance Services. 5th ed. New York, NY: McGraw- Hill Irwin.

Low, Kin-Yew (2004): The Effects of Industry Specialization on Audit Risk Assessments and Audit-Planning Decisions. In: The Accounting Review. 79 (1). S. 201-219. http://dx.doi.org/10.2308/accr.2004.79.1.201

Marewski, Julian N./Gaissmaier, Wolfgang/Gigerenzer, Gerd (2009): Good judgments do not require complex cognition. In: Cognitive Processing. Springer. 27. S. 103.

Marx, Franz Jürgen (2011): Stellung und Aufbau der Internen Revision im Rahmen der Unternehmens- und Konzernorganisation. In: Freidank, Carl-Christian/Peemöller, Volker H. (Hrsg.): Kompendium der Internen Revision. Internal Auditing in Wissenschaft und Praxis. Erich Schmidt Verlag. S. 94-114.

McCoy, Nicole/Burnett, Royce D./Friedman, Mark E./Morris, Marc (2011): Internal Audit: How Develop Professional Skepticism. In: The Journal of Corporate Accounting & Finance. DOI 10.1002/jacaf.206684

McKelvey, R.D./Zavoina, R. (1975): A statistical model for the analysis of ordinal level dependent variables. In: Journal of Mathematical Sociology. S. 103-120.

Mirrlees, J. A.(1999): The Theory of Moral Hazard and Unobservable Behavior. In: Review of Economic Studies. 66. Cambridge. Trinity College. S. 3-21.

Moore, Don A./Tetlock, Philip E./Tanlu, Lloyd/Bazerman, Max H. (2006): Conflicts of Interest and the Case of Auditor Independence: Moral Seduction and Strategic Issue Cycling. In: The Academy of Management review. Vol. 31. 1. S. 10-29.

Monroe, Gary S./Ng, Juliana (2000): An examination of order effects in auditors' inherent risk assessments. In: Accounting and Finance .40. S. 153-168.

Müller, K./Böcking, P.D.H.J. (2006): Die Unabhängigkeit des Abschlussprüfers: Eine kritische Analyse der Vorschriften in Deutschland im Vergleich zu den Vorschriften der Europäischen Union, der IFAC und in Den USA: Dissertation. Universität Frankfurt am Main: Westdeutscher Verlag GmbH. http://books.google.de/books?id=kIRSh-lYoQ4C.

Müller, Martin (2006): Harmonisierung des externen und internen Rechnungswesens. Eine empirische Untersuchung. 1. Auflage. Wiesbaden: Deutscher Universitätsverlag.

Münzenberg, Thomas (2012): Haftungsrisiken für Revisoren. Aus: Amling/ Bantleon: Praxis der Internen Revision. Management. Methoden. Prüfungsfelder. Berlin: Erich Schmidt Verlag. S. 99-128.

Myers, David G. (2014): Psychologie. 3. überarbeite und erweiterte Auflage. Berlin, Heidelberg: Springer-Verlag

Nelson, Mark W.(2009): A Model and Literature Review of Professional Skepticism in Auditing. In: Auditing: A Journal of Practice & Theory. Vol. 28. No. 2. S. 1-34.

Norman, Carolyn Strand/ Rose Anna M./ Rose, Jacob M. (2010): Internal audit reporting lines, fraud risk decomposition, and assessments of fraud risk, Accounting, Organizations and Society, Volume 35. Issue 5. S. 546-557.

O'Brien, Robert (2007): A Caution Regarding Rules of Thumb for Variance Inflation Factor. In: Quality & Quantity. 41. Springer. S. 673-690.

Ordelheide, Dieter/Rudolph, Bernd/Büsselmann, Elke (Hrsg.) (1991): Betriebswirtschaftslehre und Ökonomische Theorie. Stuttgart: C.E. Poeschel Verlag.

Ott, Claus/Schäfer, Hans-Bernd (Hrsg.) (1993): Ökonomische Analyse des Unternehmensrechts. Beiträge zum 3. Travemünder Symposium zur ökonomischen Analyse des Rechts. Heidelberg: Physica-Verlag.

Paetzmann, Karsten (2007): Bedeutung der Internen Revision der Reformbestrebungen zur Verbesserung der Corporate Governance. In: Freidank, Carl-Christian/Peemöller, Volker H. (2007): Corporate Governance und Interne Revision. Handbuch für die Neuausrichtung des Internal Auditings. Berlin: Erich Schmidt Verlag. S. 17-45.

Peemöller, Volker H. (2011): Code of Ethics der Internen Revision. In: Freidank, Carl-Christian/Peemöller, Volker H. (Hrsg.): Kompendium der Internen Revision. Internal Auditing in Wissenschaft und Praxis. Berlin: Erich Schmidt Verlag. S. 120-142.

Peters, Bettina (2014): ZEW-Expertenseminar: Paneldatenökonometrie – Schätzung binärer und zensierter Modell. Teil 4: Schätzung zensierter Paneldatenmodelle und deren Anwendung in Stata. Mannheim: Zentrum für Europäische Wirtschaftsforschung.

Petersen, Thomas (1989): Optimale Anreizsysteme. Betriebswirtschaftliche Implikationen der Prinzipal-Agent-Theorie. Wiesbaden: Gabler Verlag. 1989. DOI 10.1007/978-3-322-874 1 5-3

Picot, Arnold (1991): Ökonomische Theorien der Organisation – Ein Überblick über neuere Ansätze und deren betriebswirtschaftliches Anwendungspotential. In: Ordelheide, Dieter/Rudolph, Bernd/ Bußmann, Elke (Hrsg.): Betriebswirtschaftslehre und Ökonomische Theorie. Stuttgart: C.E. Poeschel Verlag. S. 143-172.

Picot, Arnold (1993a): Organisation. In: Vahlens Kompendium der Betriebswirtschaftslehre. Band 2. 3. überarbeitete und erweiterte Auflage. Verlag. München: Franz Vahlen.

Picot, Arnold (1993b): Neue Institutionenökonomik und Recht. In: Ott, Claus; Schäfer, Hans-Bernd (Hrsg.): Ökonomische Analyse des Unternehmensrechts. Beiträge zum 3. Travemünder Symposium zur ökonomischen Analyse des Rechts. Heidelberg: Physica-Verlag. S. 306-330.

Picot, Arnold/Dietl, Helmut/Franck, Egon (2008): Organisation. Eine ökonomische Perspektive; 5. aktualisierte und überarbeitete Auflage. Stuttgart: Schäffer-Poeschel.

Pratt, John W./Zeckhauser, Richard J. (1985): Principals and Agents: The Structure of Business. Boston.

Presutti, Anthony H. (1995): Anchor and adjustment heuristic effect on audit judgement. In: Managerial Auditing Journal, Vol. 10 Iss 9. S. 13-21. http://dx.doi.org/10.1108/02686909510100850

Quadackers, Luc/Groot Tom/Wright, Arnold (2014): Auditors Professional Skepticism: Neutrality versus Presumptive Doubt In: Contemporary Accounting Research. DOI: 10.1111/1911-3846.12052

Quick, Reiner (2012): EC Green Paper Proposals and Audit Quality. In: Accounting in Europe. Vol. 9. No 1. S. 17-38.

Rasso, Jason (2013): Psychological Distance: The Relation Between Construals, Mindsets, and Professional Skepticism. Graduate Theses and Dissertations.

Link: http://scholarcommons.usf.edu/etd/4565

Richter, Rudolf/Furubotn, Erik (2010): Neue Institutionenökonomik: Eine Einführung und kritische Würdigung. 4. überarb. u. erw. Auflage. Tübingen: Mohr Siebeck.

Rose, Anna M./Rose, Jacob M./Norman, Carolyn S. (2013): Is the objectivity of internal audit compromised when the internal audit function is a management training ground? In: Account Finance. S. n/a. http://dx.doi.org/10.1111/acfi.12025.

Ross, Stephen (1973): The Economic Theory of Agency: The Principal´s Problem. In: American Economic Review. Vol. 63. NO. 2 S. 134-139

Sarens, Garrit (2009): Internal Auditing Research: Where are we going? Editorial - Sarens - 2009 - International Journal of Auditing - Wiley Online Library. In: International Journal of Auditing (13). S. 1-7.

Sarens, Gerrit/Beelde, Ignace de (2006): The Relationship between Internal Audit and Senior Management: A Qualitative Analysis of Expectations and Perceptions. In: International Journal of Auditing 10 (3). S. 219-241. http://dx.doi.org/10.1111/j.1099-1123.2006.00351.x.

Scherm, Ewald/ Pietsch, Gotthard (2007): Organisation: Theorie, Gestaltung, Wandel. Oldenburg: Wissenschaftsverlag.

Schneider, Arnold (2003): An examination of whether incentive compensation and stock ownership affect internal auditor objectivity. In: Journal of Managerial Issues (Refereed). Vol. 4 Number 4. S. 486-497.

Schneider, Arnold (2010): Determining whether there are any Effects of Incentive Compensation and Stock Ownership on Internal Audit Procedures. In: International Journal of Auditing 14 (1). S. 101-110.

Shapiro, Susan P. (2005): Agency Theory. In: Annual Review of Sociology Vol. 31. S. 263-284. http://www.jstor.org/stable/29737720

Simon, Herbert A. (1955): A Behavioral Model of Rational Choice. In: The Quarterly Journal of Economics. Vol. 69. No. 1. S. 99-118. http://www.jstor.org/stable/1884852

Smith, James F./Thomas Kida (1991): Heuristics and biases: Expertise and task realism in auditing. In: Psychological Bulletin 109.3. S. 472.

Stewart, Jenny/Subramaniam, Nava (2010): Internal audit independence and objectivity: emerging research opportunities. In: Managerial Auditing Journal 25 (4). S. 328-360.

Thompson, Dennis (1993): Understanding Financial Conflicts of Interest. In: The New England Journal of Medicine. Number 8. S. 573-576

Trotman Ken T./Tan, Hwee C./Ang, Nicole (2011): Fifty-year overview of judgment and decision making research in accounting. In: Accounting & Finance. S. 278-360.

Tobin, J. (1958): Estimation of relationships for limited dependent variables. Econometrica 26. S. 29-39.

Tversky, Amons/Kahneman, Daniel (1974): Judgment under Uncertainty: Heuristics and Biases. In: Science, New Series. Vol. 185. No. 4157. S. 1124-1131.

Vallabhaneni, Rao S. (2013): CIA Exam Review 2013. Part 1. Internal Audit Basics. Wiley-Verlag.

Veall R, Michael/Zimmermann, Klaus (1996): Pseudo-R2 Measures for some common limited dependent variable models. In: Journal of Economic Surveys. Vol. 10. No. 3.

Veall R, Michael/Zimmermann, Klaus (1994): Practitioners Corner: Goodness of Fit Measures in the Tobit Modell. Oxford Bulletin of Economics and Statistics. 56. 4.

Vranas, Peter (2000): Gigerenzer's normative critique of Kahneman and Tversky. Elsevier Science. Cognition 76.

Velte, Partrick/Stiglbauer, Markus (2012): Impact of auditors and audit firm rotation on accounting and audit quality: A critical analysis of the EC regulation draft. In: International conference "Improving financial institutions: the proper balance between regulation and governance". Helsinki.

Watts, Ross L./Zimmerman, Jerold L. (1986): Positive Accounting Theory. In: Contemporary Topics in Accounting Series. Englewood Cliffs. New Jersey.

Weischer, Christoph (2007): Sozialforschung. 1. Auflage. Konstanz: UTB Verlag. Band 2924.

Wenger, Ekkehard/Terberger, Eva (1988): Die Beziehung zwischen Agent und Prinzipal als Baustein einer ökonomischen Theorie der Organisation. In: WiSt. 10.

White, Harrison C. (1985): Agency as Control. In: Pratt, John W./Zeckhauser, Richard J. (1985): Principals and Agents: The Structure of Business. Boston. S. 187-212.

Wiemann, Daniela (2011): Prüfungsqualität des Abschlussprüfers. Einfluss der Mandatsdauer auf die Prüfungsqualität. 1. Auflage. Wiesbaden: Gabler Verlag. Springer Fachmedien.

Windzio, Michael (2013): Regressionsmodelle für Zustände und Ereignisse: Eine Einführung. Wiesbaden: Springer VS.

Wolf, Christian/ Best, Henning (Hrsg.) (2010): Handbuch der sozialwissenschaftlichen Datenanalyse. 1. Auflage. Wiesbaden: VS-Verlag.

Wooldridge, Jeffrey M. (2002): Econometric Analysis of cross section and panel data. Cambridge, Massachusetts, London. MIT Press.

Zain, Mazlina Mat/Subramaniam, Nava/Stewart, Jenny (2006): Internal Auditors Assessment of Their Contribution to Financial Statement Audits: The Relation With Audit Committee and Internal Audit Function Characteristics by Mazlina Mat Zain, Nava Subramaniam, And Jenny Stewart: In: International Journal of Auditing (Vol. 10, No. 1); S. 1-18. http://papers.ssrn.com/sol3/papers.cfm?a bstract_id=926764

Zilch, Christopher (2010): Die motivationale Regulierung der Akteure in der Wirtschaftsprüfung. Wiesbaden: Gabler (Gabler Research).

Gesetze, Verordnungen, Verwaltungsanweisungen und andere Rechnungslegungsnormen

Committee of Sponsoring Organization of the Treadway Commission (COSO 2004): Enterprise Risk Management Integrated Framework.

GAO (2003): Required Study on the Potential Effects of Mandatory Audit Firm Rotation.

IFAC (Revised 2006): Code of ethics for professional accountants. Hg. v. IFAC, zuletzt geprüft am 05.09.2014.

ISA (2009): International Standard of Auditing (ISA) 200. Overall objectives of the independent auditor and the conduct of an audit in accordance with international standards on auditing. Hg. v. International Standard of Auditing, zuletzt geprüft am 05.09.2013.

RICHTLINIE 2014/56/EU (2014): Richtlinie 2006/43/EG über Abschlussprüfungen von Jahresabschlüssen und konsolidierten Abschlüssen vom 16.04.2014. zur Änderung der Richtlinie 2006/43/EG über Abschlussprüfungen von Jahresabschlüssen und konsolidierten Abschlüssen. In: Amtsblatt der Europäischen Union. Nr. L. 158/196. 27.05.2014 Aus: http://eur-lex.europa.eu/legal-content/DE/TXT/PDF/?uri=CELEX:32014L0056&from=DE; aufgerufen am 29.10.2014

PCAOB: International Standards of Auditing 200. Overall objectives of the independent auditor and the conduct of an audit in accordance with international standards of auditing. December 2009.

PCAOB: AU Section 230 — Due Professional Care in the Performance of Work. Aus: http://pcaobus.org/Standards/Auditing/Pages/AU230.aspx#ps-pcaob_1c410f9b-5033-4f18-b865-af1307863bee; aufgerufen am 14.08.2014

Anlagen

Vorstudie: Fragebogen

Forschungsprojekt Job-Rotation in der Internen Revision

Wir bitten Sie herzlich um eine kurze Beantwortung der folgenden Fragen.

Diese Antworten werden ausschließlich für Forschungszwecke verwendet. Für Rückfragen stehen wir gerne zur Verfügung! Viele Dank!!

Prof. Dr. Anne d'Arcy   Christoph Schmidt, Dipl. Betriebswirt (FH), LL.M. (oec.)

Persönliche Fragen:

Funktion _____   Geschlecht **m** ☐   **w** ☐

Berufsjahre _____

Unternehmensspezifische Angaben:

Branche _____   Umsatz _____

Anzahl MA _____   Anzahl IR _____

Dezentral   ja ☐   nein ☐   Anzahl an dezentralen Revisoren _____

---

1. **Halten Sie die Job-Rotation in der Internen Revision für ....?**

   ☐ ungeeignet ☐ nice to have ☐ wünschenswert ☐ erforderlich ☐ zwingend erforderlich

2. **Warum glauben Sie, dass die Job-Rotation in der Internen Revision aus Ihrer Sicht wichtig ist?**

   ☐ Steigerung der Risikoorientierung   ☐ Sonstiges: _____

   ☐ Steigerung der Objektivität   ☐ Sonstiges: _____

   ☐ Stärkung der Unabhängigkeit

3. **Welche Gründe sprechen aus Ihrer Sicht gegen eine Job-Rotation in der Internen Revision?**

   ☐ Spezifische Unternehmenskenntnis   ☐ Spezifische Erfahrung vor Ort

   ☐ Verschlechterung der Qualität   ☐ Steigende Kosten

   ☐ Sonstiges: _____   ☐ Sonstiges: _____

4. **Gibt es im Bereich der Internen Revision in Ihrem Unternehmen das Prinzip der Job-Rotation?**

   Ja ☐   Nein ☐

5. **Wie oft fand in den letzten Jahren in der Internen Revision eine Rotation statt?**

   _____ Jahre

6. **Für den Fall, dass es in Ihrem Unternehmen eine dezentrale Interne Revision gibt, hat die Leitung der zentralen Internen Revisoren ein Mitspracherecht bei der Besetzung dezentralen Revisoren?**

   Ja ☐   Nein ☐

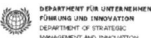
DEPARTMENT FÜR UNTERNEHMENS-   Institut für Corporate Governance   UNIV.PROF. DR. ANNE d'ARCY
FÜHRUNG UND INNOVATION   Institute for Corporate Governance   T +43-1-313 36-5951, F +43-1-313 36-763
DEPARTMENT OF STRATEGIC   Nordbergstrasse 15, 1090 Vienna, Austria
MANAGEMENT AND INNOVATION   unternehmens.fuehrung@wu.ac.at, www.wu.ac.at/icg

Anlagen zur Vorstudie

Testzuordnung

Die Auswertung der Vorstudie erfolgte mittels Aufgestellte ausgewählten Tests. Die Test-auswahl erfolgte nach Cleff (2008), indem entsprechende Variable, Skalen sowie Tests zuge-ordnet wurden. Dabei wurde folgende Zuordnung getroffen:

Lfd. Nr.	Variable 1	Variable 2	Skala 1	Skala 1	Test
1	F2	IR	nominal	metrisch	punktbiseriales r
2	F2	MA	nominal	metrisch	punktbiseriales r
3	F1	IR	ordinal	metrisch	Spearman
4	F1	MA	ordinal	metrisch	Spearman
5	IR	MA	metrisch	metrisch	Pearson

Ergebnisse der statistischen Auswertung

Lfd. Nr.	Var 1	Var 2	Cramers V	Punktbiseriales r	spearman	Pearson	Korrelation nach Bronius	signifikant
1	F2	IR		Coef.= 0.3987 P>|t| = 0.0177			mittel	Ja
2	F2	MA		Coef.= 0.3297 P>|t| = 0.0531			mittel	ja
3	F1	IR			rho = 0.4283 p= 0.0103		stark	ja
4	F1	MA			rho = 0.2254 p=0.1930		schwach	nein
5	IR	MA				r = 0,9093	sehr stark	ja

Bewertung zur Vorstudie

Lfd. Nr.	Inhalt	Annahme bestätigt
1	Die Anzahl der internen Revisoren korreliert mit der Durchführung der Rotation positiv.	positiv bestätigt
2	Die Anzahl der Mitarbeiter in einem Unternehmen korrelieren mit der Durchführung der Rotation positiv.	positiv bestätigt
3	Die Einschätzung der Relevanz der Rotation und die Mitarbeiterzahl korreliert positiv.	nicht bestätigt
4	Die Einschätzung der Relevanz der Rotation und Größe der Revisionsabteilung korreliert positiv.	nicht bestätigt
5	Die Durchführung einer Rotation sowie der Einschätzung der Relevanz korreliert positiv.	positiv bestätigt

Deskriptive Ergebnisse Vorstudie

Variable	Obs	Mean	Std. Dev.	Min	Max
MA	35	81345,97	143404,5	200	520000
IR	35	52,88571	85,97256	1	350
D	35	,4857143	,5621089	0	2
F1	35	1,914286	1,067472	0	4
F2	35	0,4285714	0,5020964	0	1

Lfd. Nr. 1   F2 MA

Obs=35			
Np=15	P=0,43		
Nq=20	q=0,57		
Coef.= 0,3297	t= 2,0061	P>|t| = 0,0531	df= 33

Lfd. Nr. 2   **F2 IR**

Obs=35			
Np=15	p=0,43		
Nq=20	q=0,57		
Coef.= 0,3297	t= 2,4975	P>|t| = 0,0177	df= 33

Lfd. Nr. 3   **F1 IR**

Number of obs	35	
Spearman´s rho	0,4283	
Test of H0: F1 and IR are independent		
Prob > |t| =	0,0103	

Lfd. Nr. 4   **F1 MA**

Number of obs	35	
Spearman´s rho	0,2254	
Test of H0: F1 and IR are independent		
Prob > |t| =	0,1930	

Lfd. Nr. 5   **IR MA**

	IR	MA
IR	1,000	
MA	0,9093	1,000

Normalverteilungstest

Shapiro-Wilk W test for normal data

Variable	Obs	W	V	z	Prob>z
MA	35	0,62791	13,281	5,399	0,00000
IR	35	0,63441	13,049	5,362	0,00000
F1	35	0,99588	0,147	-4,003	0,99997
F2	35	0,99059	0,336	-2,276	0,98859

Interpretation: Die W Werte zeigen fast alle kritische Wert an, somit ist keine Normalverteilung vorhanden.

Aufgrund einer ordinalskalierten Variablen bei F2, ist zunächst ein U Test (Man Whitney Test) zur Anwendung gekommen.

Two-Sample Wilcoxon rank-sum (Mann-Whitney) test

F2	Obs	Rank sum	expected
0	20	267	360
1	15	363	270
combined	35	630	630
unadjusted variances		900	
Adjustment for ties		-0,38	
Adjusted variances		899,62	
H0	MA (F2==0) =	MA (F2==1)	
	z =	-3,101	
	Prob > |z| =	0,0019	

Aussage: p = 0,0019 < 0,01   hoch signifikant

Two-Sample Wilcoxon rank-sum (Mann-Whitney) test

F2	Obs	Rank sum	expected
0	20	254	360
1	15	376	270
combined	35	630	630
unadjusted variances		900	
Adjustment for ties		-2,52	
Adjusted variances		897,48	
H0	MA (F2==0) =	IR (F2==1)	
	z =	-3,538	
	Prob > |z| =	0,0004	

Aussage: p = 0,0004 < 0,01 hoch signifikant

Vergleich Median

Md	R1	R0
F1	50	5,5
MA	63500	1650

Kurskal Wallis Test

F1	Obs	Rank sum
0	4	60,50
1	6	50,00
2	17	334,00
3	5	102,50
4	3	83,00

Chi-squared= 9,061 with 4 d.f.

probability = 0,0596

Chi-squared with ties = 9,087 with 4 d.f.

probability =0,0590

Aussage p = 0,059 somit p > 0,05 somit nicht signifikant

Kurskal Wallis Test

F1	Obs	Rank sum
0	4	72,50
1	6	74,50
2	17	315,00
3	5	86,00
4	3	82,00

Chi-squared=   4,347 with 4 d.f

probability   =0,3611

Chi-squared with ties   4,349 with 4 d.f

probability   =0,3609

Aussage p = 0,3609 somit p > 0,05 somit nicht signifikant

Anlagen zur Hauptstudie

Jahr	Beobachtungen	Mean	Std.DV
2009	5.551	130.437	56.237
2010	3.469	115.353	64.538
2011	8.344	125.486	66.623
2012	10.131	128.557	61.727

Regressionsanalyse

reg RN $ciexog				Number of obs =	5.475
				F(5,5469) =	20,74
Source	SS	df	MS	Prob > F	0,000
Model	150157.856	5	30031.7713	R-squared	0,01866
Residual	7918112.14	5469	1447.81718	Adj R-squared=	0,0177
Total	8068271	5474	1473.92601	Root MSE =	38,05

RN	Coef.	.Std Err.	t	P>t	[95% Conf. Interval]	
1.R	8.198131***	1.200269	6.83	0.000	5.845127	10.55114
1.A	4.106504	1.493149	2.75	0.006	1.179337	7.033671
1.E	3.885267	1.4246	2.73	0.006	1.092485	6.678049
1.N	.4527139	1.589169	0.28	0.776	-2.662689	3.568117
1.F	4.404299	1.071694	4.11	0.000	2.303351	6.505246
_cons	3.599175	1.110614	3.24	0.001	1.42193	5.77642

VIF Analyse

Variable	VIF	1/VIF
R	1.06	0.945701
A	1.72	0.583051
E	1.83	0.545475
N	1.18	0.848943
F	1.01	0.992419
Mean VIF	1.36	

Logistische Paneldatenregression mit Dummy Variablen

Random-effects logistic regression				Number of obs		= 5475
Group variable: ID				Number of groups		= 2420

Random effects u_i ~ Gaussian		Obs per group: min	= 1
		Avg	= 2.3
		Max	= 3

			Wald chi2(6)	= 330.92
Log likelihood = -2975.515			Prob > F	= 0,0000

U	OR	. Std Err.	Z	P>|z|	[95%Conf. Interval]	
R	2.495534***	.1900663	12.01	0.000	2.149482	2.897299
A	1.818738***	.1970979	5.52	0.000	1.470702	2.249134
E	1.259955*	.1268875	2.29	0.022	1.034266	1.534891
N	2.222495***	.2324646	7.64	0.000	1.810541	2.728181
F	1.334027***	.09784	3.93	0.000	1.15541	1.540258
_cons	.1077123	.0105147	-22.83	0.000	.0889553	.1304243
/lnsig2u	-.6681811	.2268718			-1.112842	-.2235205
sigma_u	.715989	.0812189			.5732572	.8942586
rho	.1348163	.0264625			.0908179	.195546

Likelihood-ratio test of rho=0: chibar2 (01) = 29.29 Prob >= chibar2 = 0.000

Logistische Paneldatenregression mit Erfahrungsbänder

Random-effects logistic regression				Number of obs		= 5475
Group variable: ID				Number of groups		= 2420
Random effects u_i ~ Gaussian				Obs per group: min		= 1
				Avg		= 2.3
				Max		= 3
				Wald chi2(6)		= 336.20
Log likelihood = -2957.1742				Prob > F		= 0,0000

U	OR	. Std Err.	Z	P>|z|	[95%Conf. Interval]	
R	2.304813***	.1754444	10.97	0.000	1.98537	2.675654
A	.8572124*	.0510776	-2.59	0.010	.7627269	.9634027
E	.5620949***	.0566355	-5.72	0.000	.4613646	.6848177
N	.6031725***	.0327325	-9.32	0.000	.542312	.670863
F	1.353061***	.0983971	4.16	0.000	1.17332	1.560337
_cons	1.247748	.2091693	1.32	0.187	.8983249	1.733086
/lnsig2u	-.8229699	.253			-1.318841	-.327099
sigma_u	.6626655	.0838272			.517151	.8491245
rho	.1177598	.0262848			.0751818	.1797641
Likelihood-ratio test of rho=0:				chibar2 (01) = 22.31 Prob >= chibar2 = 0.000		

Gepoolte Tobit-Regression

Tobit Regression				Number of obs		= 5475
				LR chi2 (6)		= 302.21
				Prob > F		= 0.0000
Log pseudolikelihood = -10436.081				Pseudo R2		= 0.0143

RN	Coef.	. Std Err.	Z	P>|z|	[95% Conf. Interval]	
R	40.02346***	3.662216	10.93	0.000	32.84406	47.20286
A	24.8299***	4.987225	4.98	0.000	15.05295	34.60684
E	14.49252**	4.598717	3.15	0.002	5.477209	23.50784
N	22.09247***	4.557254	4.85	0.000	13.15844	31.0265
F	16.13885***	3.360968	4.80	0.000	9.55001	22.72768
_cons	-111.3796***	4.70485	-23.67	0.000	-120.603	-102.1563
/sigma	92.66271	1.915035			88.90848	96.41694

Obs. Summary	3993	left-censored observations at RN <=0
	1482	uncensored observations
	0	right-consored observations

Rotation und Revisionserfahrung

Average marginal effects				Number of obs=5475			
Model VCE : OIM							

Expression : E(RN >0), predict(e(0,.))

dy/dx w.r.t. : 1.R

	Delta-method						
	dy/dx	**. Std Err.**	**Z**	**P>|z|**	**[95%Conf. Interval]**		**X**
1. R							
A							
0	9.079232***	.9065279	10.02	0.000	7.30247	10.85599	9.079232
1	10.66448***	1.028217	10.37	0.000	8.649209	12.67975	10.66448

Rotation und Ausbildung

Average marginal effects				Number of obs =5475			
Model VCE : OIM							

Expression : E(RN >0), predict(e(0,.))

dy/dx w.r.t. : 1.R

	Delta-method						
	dy/dx	**. Std Err.**	**Z**	**P>|z|**	**[95%Conf. Interval]**		**X**
1. R							
E							
0	9.640112***	.9165338	10.52	0.000	7.843739	11.43649	9.640112
1	10.59113***	1.044241	10.14	0.000	8.544455	12.63781	10.59113

Rotation und Rotationserfahrung

Average marginal effects   Number of obs =5475

Model VCE : OIM

Expression : E(RN>0), predict(e(0,.))

dy/dx w.r.t. : 1.R

Delta-method

	dy/dx	. Std Err.	Z	P>|z|	[95% Conf. Interval]		X
1. R							
N							
0	10.00704***	.9746964	10.27	0.000	8.096673	11.91741	10.00704
1	11.5547***	1.096031	10.54	0.000	9.406517	13.70288	11.5547

Rotation und kaufmännisches vs. technisches Prüfungsfeld

Average marginal effects   Number of obs =5475

Model VCE : OIM

Expression : E(RN>0), predict(e(0,.))

dy/dx w.r.t. : 1.R

Delta-method

	dy/dx	. Std Err.	Z	P>|z|	[95% Conf. Interval]		X
1. R							
F							
0	9.847577***	.947511	10.39	0.000	7.99049	11.70466	9.847577
1	10.9361***	1.071613	10.21	0.000	8.835779	13.03642	10.9361

Sensivitätsanalyse mit Tobit-Paneldatenregression

Random-effects tobit regression	Number of obs	= 5475
	Number of groups	= 2420
	Obs per group min	= 1
	avg	= 2.3
	max	= 3
	Wald chi2 (5)	= 267.92
Log pseudolikelihood = -10435.505	Prob > chi2	= 0.0000

RN	Coef.	. Std Err.	Z	P>|z|	[95%Conf. Interval]	
1.R	39.91305***	3.653711	10.92	0.000	32.7519	47.07419
1.A	24.66963***	5.01905	4.92	0.000	14.83248	34.50679
1.E	14.63611**	4.64715	3.15	0.002	5.527864	23.74436
1.N	22.22126***	4.63448	4.79	0.000	13.13784	31.30467
1.F	16.07349***	3.388589	4.74	0.000	9.431982	22.71501
_cons	-111.5969***	4.736994	-23.56	0.000	-120.8812	-102.3125
/sigma_u	15.6055	7.350163	2.12	0.034	1.19945	30.01156
/sigma_e	91.45219	2.194422	41.67	0.000	87.1512	95.75317

Obs. Summary			
	3993	left-censored observations	
	1482	uncensored observations	
	0	right-consored observations	

Marginale Effekte der Tobit-Paneldatenregression

Conditional marginal effects   Number of obs   =5475

Model VCE : OIM

Expression : Linear prediction, predict()

dy/dx w.r.t. : 1.R

Delta-method

	dy/dx	. Std Err.	Z	P>|z|	[95% Conf. Interval]	
1.R	10.09298***	.9727452	10.38	0.000	8.186433	11.99952
1.A	5.659061***	1.111007	5.09	0.000	3.481527	7.836594
1.E	3.437771*	1.080308	3.18	0.001	1.320407	5.555135
1.N	5.552112***	1.215731	4.57	0.000	3.169322	7.934901
1.F	3.867206***	.8257333	4.68	0.000	2.248798	5.485613

Note: dy/dx for factor levels is the discrete change from the base level.

Sensivitätsanalyse der Interaktionseffekte auf Basis der Tobit-Paneldatenregression

Rotation und Revisionserfahrung

Average marginal effects				Number of obs=5475		

Model VCE : OIM

Expression : E(RN >0), predict(e(0,.))

dy/dx w.r.t. : 1.R

	dy/dx	. Std Err.	Z	P>|z|	[95% Conf. Interval]	
					Delta-method	
1. R						
A						
0	9.048282***	.904409	10.00	0.000	7.275673	10.82089
1	10.6149***	1.024544	10.36	0.000	8.606829	12.62297

Rotation und Ausbildung

Average marginal effects				Number of obs	=5475	

Model VCE : OIM

Expression : E(RN >0), predict(e(0,.))

dy/dx w.r.t. : 1.R

	dy/dx	. Std Err.	Z	P>|z|	[95% Conf. Interval]	
					Delta-method	
1. R						
E						
0	9.59328***	.9138001	10.50	0.000	7.802265	11.3843
1	10.54821***	1.040825	10.13	0.000	8.508235	12.58819

Rotation und Rotationserfahrung

Average marginal effects				Number of obs =5475		
Model VCE : OIM						

Expression : E(RN >0), predict(e(0,.))

dy/dx w.r.t. : 1.R

	dy/dx	Delta-method . Std Err.	Z	P>|z|	[95%Conf. Interval]	
1. R						
N						
0	9.96248***	.9713767	10.26	0.000	8.058617	11.86634
1	11.51084***	1.093827	10.52	0.000	9.366979	13.6547

Rotation und kaufmännisches vs. technisches Prüfungsfeld

Average marginal effects				Number of obs =5475		
Model VCE : OIM						

Expression : E(RN >0), predict(e(0,.))

dy/dx w.r.t. : 1.R

	dy/dx	Delta-method . Std Err.	Z	P>|z|	[95%Conf. Interval]	
1. R						
F						
0	9.807021***	.9445343	10.38	0.000	7.955768	11.65827
1	10.88499***	1.067822	10.19	0.000	8.792096	12.97788

Sensivitätsanalyse mit FE Paneldatenregression

Fixed-effects (within) regression				Number of obs =		54575	
Group variable: ID				Number of groups =		2420	

R-sq:	within =	0.0166			Obs per group:min=		1
	between=	0.0089			avg=		2.3
	overall =	0.0148			max=		3

					F(5,2419) =		10,29
corr(u_i, Xb) = -0.0235					Prob > F =		0.0000

RN	Coef.	. Std Err.	t	P>t	[95% Conf. Interval]	
1.R	8.55914***	1.466407	5.84	**0.000**	5.683894	11.43439
1.A	6.276859	3.06734	2.05	0.041	.2625969	12.29112
1.E	1.066891	5.624987	0.19	0.850	-9.962258	12.09604
1.N	-5.088643	16.98444	-0.30	0.764	-38.39076	28.21347
1.F	5.587473	1.963121	2.85	0.004	1.738298	9.436647
_cons	4.022662	3.883844	1.04	0.300	-3.592553	11.63788
sigma_u	27.292865					
sigma_e	38.51389					
rho	.33430289	(fraction of variance due to u_i)				
F test that all u_i=0:		F(2419, 3050) = 0.95			Prob > F = 0.9253	

| Random-effects GLS regression | | | | Number of obs = | | 54575 |
| Group variable: ID | | | | Number of groups = | | 2420 |

R-sq:	within = 0.0163			Obs per group:min=		1
	between= 0.0198			avg=		2.3
	overall = 0.0186			max=		3

| | | | | Wald chi2(5) = | | 103.71 |
| corr(u_i, X) = 0 (assumed) | | | | Prob > F = | | 0.0000 |

RN	Coef.	. Std Err.	z	P>|z|	[95%Conf. Interval]	
1.R	8.198131***	1.200269	6.83	0.000	5.845647	10.55061
1.A	4.106504	1.493149	2.75	0.006	1.179985	7.033023
1.E	3.885267	1.4246	2.73	0.006	1.093103	6.677431
1.N	.4527139	1.589169	0.28	0.776	-2.662	3.567427
1.F	4.404299	1.071694	4.11	0.000	2.303816	6.504781
_cons	3.599175	1.110614	3.24	0.001	1.422412	5.775939
sigma_u	0					
sigma_e	38.51389					
rho	0					

Hausman Test

RN	(b)	(B)	(b-B)	sqrt(diag(V_b-V_B))
	fe	re	Difference	S.E.
1.R	**8.55914**	8.198131	.3610093	.8424396
1.A	6.276859	4.106504	2.170355	2.67938
1.E	1.066891	3.885267	-2.818375	5.441599
1.N	-5.088643	.4527139	-5.541356	16.90993
1.F	5.587473	4.404299	1.183174	1.644784

b = consistent under Ho and Ha; obtained from xtreg

B = inconsistent under Ha, efficient under Ho; obtained from xtreg

Test: Ho: difference in coefficients not systematic

chi2(5) = (b-B)'[(V_b-V_B)^(-1)](b-B)

= 1.53

Prob>chi2 = 0.9091

Modified Wald test for groupwise heteroskedasticity in fixed effect regression model

H0: $sigma(i)^2 = sigma^2$ for all i

chi2 (2420) = 7.0e+36

Prob>chi2 = 0.0000

Fazit:

Heteroskedasticity vorhanden, d.h. Anwendung des Befehls robust in STATA

Fixed-effects (within) regression				Number of obs =		54575

Group variable: ID

R-sq:	within =	0.0166		Obs per group:min=		1
	between=	0.0089		avg=		2.3
	overall =	0.0148		max=		3

				F(5,2419)	=	9.01
corr(u_i, Xb) = -0.0235				Prob > F	=	0.0000

(Std. Err. adjusted for 2420 clusters in ID)

RN	Coef.	. Std Err.	t	P>t	[95%Conf. Interval]	
1.R	8.55914***	1.379424	6.20	0.000	5.854166	11.26411
1.A	6.276859	3.370168	1.86	0.063	-.3318563	12.88557
1.E	1.066891	5.803086	0.18	0.854	-10.31264	12.44642
1.N	-5.088643**	1.477072	-3.45	0.001	-7.9851	-2.192185
1.F	5.587473*	2.586088	2.16	0.031	.5162966	10.65865
_cons	4.022662	3.013583	1.33	0.182	-1.886809	9.932132
sigma_u	27.292865					
sigma_e	38.51389					
rho	.33430289	(fraction of variance due to u_i)				

Tobit regression				Number of obs		= 5475
Log likelihood = -10135.677				LR chi2(9)		= 903.02
				Prob > chi2		= 0.0000
				Pseudo R2		= 0.0426

RN	Coef.	. Std Err.	Z	P>|z|	[95%Conf. Interval]	
1.R	30.54266	3.619107	8.44	0.000	23.44777	37.63755
1.A	44.82735	5.110404	8.77	0.000	34.80893	54.84578
1.E	13.06617	4.628781	2.82	0.005	3.991913	22.14042
1.N	-10.50687	4.738944	-2.22	0.027	-19.79709	-1.216656
1.F	9.887545	3.373008	2.93	0.003	3.275106	16.49998
S	3.642917	1.687392	2.16	0.031	.3349557	6.950877
IKS	23.35096	2.489954	9.38	0.000	18.46965	28.23226
I	7.652647	1.839922	4.16	0.000	4.045668	11.25963
H	13.38739	1.831361	7.31	0.000	9.797192	16.97758
_cons	-191.0805	7.550755	-25.31	0.000	-205.883	-176.278
/sigma	88.45731	1.809942			84.9091	92.00551

Obs. Summary	3993	left-censored observations at RN <=0
	1482	uncensored observations
	0	right-consored observations

Sensivitätsanalyse der logistischen Paneldatenregression

Random-effects probit regression					Number of obs	= 5475
Group variable: ID					Number of groups	= 2420
Random effects u_i ~ Gaussian					Obs per group: min	= 1
					Avg	= 2.3
					Max	= 3
					Wald chi2(6)	= 351.75
Log likelihood = -2974.7084					Prob > F	= 0,0000

U	Coeff.	. Std Err.	Z	P>|z|	[95% Conf. Interval]	
R	.541307***	.0447936	12.08	0.000	.4535131	.6291008
A	.3347926***	.0621779	5.38	0.000	.2129261	.4566591
E	.1412495*	.0587589	2.40	0.016	.0260842	.2564148
N	.4824291***	.0620419	7.78	0.000	.3608292	.604029
F	.1718453***	.0428892	4.01	0.000	.087784	.2559065
_cons	-1.314848	.0538064	-24.44	0.000	-1.420307	-1.209389
/lnsig2u	-1.750762	.2279867			-2.197607	-1.303916
sigma_u	.4167033	.0475014			.3332695	.5210246
rho	.1479511	.0287404			.0999655	.2135067

Likelihood-ratio test of rho=0:   chibar2 (01) = 28.26 Prob >= chibar2 = 0.000

Conditional marginal effects   Number of obs =5475

Model VCE : OIM

Expression : Linear prediction, predict()

dy/dx w.r.t. : 1.R

    Delta-method

	dy/dx	. Std Err.	Z	P>|z|	[95% Conf. Interval]	
1.R	.541307***	.0447936	12.08	0.000	.4535131	.6291008
1.A	.3347926***	.0621779	5.38	0.000	.2129261	.4566591
1.E	.1412495*	.0587589	2.40	0.016	.0260842	.2564148
1.N	.4824291***	.0620419	7.78	0.000	.3608292	.604029
1.F	.1718453***	.0428892	4.01	0.000	.087784	.2559065

Note: dy/dx for factor levels is the discrete change from the base level.

| Random-effects logistic regression | | | | Number of obs | | = 5475 |
| Group variable: ID | | | | Number of groups | | = 2420 |

Random effects u_i ~ Gaussian				Obs per group: min		= 1
				Avg		= 2.3
				Max		= 3
				Wald chi2(6)		= 330.92
Log likelihood = -2975.515				Prob > F		= 0,0000

U	Coeff.	. Std Err.	Z	P>|z|	[95%Conf. Interval]	
R	.9145029***	.0761626	12.01	0.000	.765227	1.063779
A	.5981426***	.1083707	5.52	0.000	.3857399	.8105454
E	.2310756*	.100708	2.29	0.022	.0336916	.4284596
N	.7986303***	.1045962	7.64	0.000	.5936255	1.003635
F	.2882023***	.0733418	3.93	0.000	.144455	.4319496
_cons	-2.228292	.0976187	-22.83	0.000	-2.419621	-2.036963
/lnsig2u	-.6681811	.2268718			-1.112842	-.2235205
sigma_u	.715989	.0812189			.5732572	.8942586
rho	.1348163	.0264625			.0908179	.195546

| Likelihood-ratio test of rho=0: | | | | chibar2 (01) = 28.26 Prob >= chibar2 = 0.000 | | |

	dy/dx	. Std Err.	Z	P>|z|	[95% Conf. Interval]	

Conditional marginal effects   Number of obs = 5.475

Model VCE : OIM

Expression : Linear prediction, predict()

Delta-method

	dy/dx	. Std Err.	Z	P>|z|	[95% Conf. Interval]	
1.R	.9145029***	.0761626	12.01	0.000	.765227	1.063779
1.A	.5981426***	.1083707	5.52	0.000	.3857399	.8105454
1.E	.2310756*	.100708	2.29	0.022	.0336916	.4284596
1.N	.7986303***	.1045962	7.64	0.000	.5936255	1.003635
1.F	.2882023***	.0733418	3.93	0.000	.144455	.4319496

Note: dy/dx for factor levels is the discrete change from the base level.

The manufacturer's authorised representative in the EU is Springer
Nature Customer Service Centre GmbH, Europaplatz 3, 69115 Heidelberg,
Germany. If you have any concerns regarding our products, please
contact ProductSafety@springernature.com

Printed and bound by CPI Group (UK) Ltd, Croydon, CR0 4YY
23/04/2026
02095588-0009